城市客运企业主要负责人和安全生产管理人员安全考核真题解析

（城市轨道交通篇）

交通运输部科学研究院　编

人民交通出版社股份有限公司

北京

内 容 提 要

本书根据2022年交通运输部印发的《城市客运企业主要负责人和安全生产管理人员安全考核管理办法》《城市客运企业主要负责人和安全生产管理人员安全考核大纲》《城市客运企业主要负责人和安全生产管理人员安全考核基础题库》进行编写。全书系统梳理了城市客运企业主要负责人和安全生产管理人员安全考核基础题库中城市轨道交通相关题目的出题依据和来源，并依据相关法律法规、规范性文件和标准对题目进行了全方位解析。

本书适合城市轨道交通运营企业主要负责人和安全生产管理人员学习使用。

图书在版编目(CIP)数据

城市客运企业主要负责人和安全生产管理人员安全考核真题解析. 城市轨道交通篇/交通运输部科学研究院编. —北京:人民交通出版社股份有限公司,2023.1

ISBN 978-7-114-18396-6

Ⅰ.①城… Ⅱ.①交… Ⅲ.①城市运输—旅客运输—安全生产—中国—考核—题解②城市铁路—轨道交通—安全生产—中国—考核—题解 Ⅳ.①F572.6-44

中国版本图书馆 CIP 数据核字(2022)第 252901 号

书　　名：城市客运企业主要负责人和安全生产管理人员安全考核真题解析(城市轨道交通篇)
著 作 者：交通运输部科学研究院
责任编辑：姚　旭
责任校对：赵媛媛　魏佳宁
责任印制：张　凯
出版发行：人民交通出版社股份有限公司
地　　址：(100011)北京市朝阳区安定门外外馆斜街 3 号
网　　址：http://www.ccpcl.com.cn
销售电话：(010)59757973
总 经 销：人民交通出版社股份有限公司发行部
经　　销：各地新华书店
印　　刷：北京虎彩文化传播有限公司
开　　本：787×1092　1/16
印　　张：11.75
字　　数：248 千
版　　次：2023 年 1 月　第 1 版
印　　次：2023 年 1 月　第 1 次印刷
书　　号：ISBN 978-7-114-18396-6
定　　价：49.00 元

编 写 组

主　编：冯旭杰　胡雪霏

副主编：刘书浩　杨新征

组　员：宋晓敏　李松峰　贾文峥　王　洋　胡　昊

　　　　沙　茜　刘从岗　吴　可　梁　成　程泽农

　　　　刘　悦　姚伟国

前　言

城市轨道交通是大城市公共交通的骨干,其安全运行关系到人民群众生命财产安全,关系到社会安全稳定大局。交通运输部高度重视城市轨道交通运营安全发展,近年来,从法规、标准、制度、保障等层面入手,不断建立健全城市轨道交通运营管理体系,推动行业治理能力和水平持续提升。实践证明,"人"在企业安全生产管理中起决定性作用,特别是主要负责人和安全生产管理人员,决定着企业安全生产管理水平的高低。

2021年,第三次修正的《安全生产法》第二十七条将"道路运输单位"调整为"运输单位",要求运输单位主要负责人和安全生产管理人员应当由主管的负有安全生产监督管理职责的部门对其安全生产知识和管理能力考核合格,考核不得收费。为贯彻落实新《安全生产法》有关规定,组织开展好运输企业主要负责人和安全生产管理人员安全考核工作,交通运输部决定规范城市客运企业主要负责人和安全生产管理人员的安全考核工作。2022年11月,交通运输部印发了《城市客运企业主要负责人和安全生产管理人员安全考核管理办法》《城市客运企业主要负责人和安全生产管理人员安全考核大纲》(以下简称《考核大纲》)和《城市客运企业主要负责人和安全生产管理人员安全考核基础题库》(以下简称《题库》)。

为了帮助城市轨道交通运营企业主要负责人和安全生产管理人员更好地掌握安全考核题目和相关知识点,我们紧扣《考核大纲》和《题库》,系统梳理了城市客运企业主要负责人和安全生产管理人员安全考核基础题库中城市轨道交通相关题目的出题依据和来源,并依据相关法律法规、规范性文件和标准对题目进行了全方位解析。

由于作者水平有限,书中恐有不妥之处,敬请有关专家、学者和从事城市轨道交通行业的工作者批评指正,以便完善。

编写组
2022年12月

目　　录

第一部分

城市轨道交通企业主要负责人和安全生产管理人员安全考核真题解析

一、单选题

1. 依据《国务院办公厅关于保障城市轨道交通安全运行的意见》(国办发〔2018〕13号),强化技术标准规范对安全和服务的保障和引领作用,以( )和服务质量为重点,建立健全城市轨道交通运营标准体系。

  A. 防范处置   B. 应急管理   C. 运营安全   D. 设备配置

正确答案:C

【试题解析】

《国务院办公厅关于保障城市轨道交通安全运行的意见》第二条第四款对建立健全城市轨道交通运营标准体系作出了具体规定。

"(四)完善法规标准体系……强化技术标准规范对安全和服务的保障和引领作用,以保障建设质量和安全运行为重点,进一步修订完善城市轨道交通工程建设标准体系;以运营安全和服务质量为重点,建立健全城市轨道交通运营标准体系;以防范处置和设备配置为重点,建立健全城市轨道交通反恐防暴、内部治安保卫、消防安全等标准体系。"

故本题选 C。

2. 依据《国务院办公厅关于保障城市轨道交通安全运行的意见》(国办发〔2018〕13号),城市轨道交通建设规划要树立( )的理念,将安全和服务要求贯穿于规划、建设、运营全过程。

  A. 一体化融合发展   B. 规划建设为运营、运营服务为乘客

  C. 规划建设与运营服务并重   D. 可持续发展

正确答案:B

【试题解析】

《国务院办公厅关于保障城市轨道交通安全运行的意见》第三条第五款对统筹城市轨道交通规划建设运营作出了具体规定。

"(五)科学编制规划……城市轨道交通建设规划要树立规划建设为运营、运营服务为乘客的理念,将安全和服务要求贯穿于规划、建设、运营全过程,并结合城市发展需求、财政状况等实际,准确把握城市轨道交通发展规模和发展速度,合理确定制式和建设时序,量力而行、有序发展。"

故本题选 B。

3. 依据《国务院办公厅关于保障城市轨道交通安全运行的意见》(国办发〔2018〕13号),在工程可行性研究和初步设计文件中设置( ),发展改革、规划等部门在审批时要以书面形式听取同级交通运输部门、公安机关意见。

  A. 运营安全专篇和公共安全专篇   B. 运营服务专篇和公共安全专篇

  C. 服务质量专篇和安全保障专篇   D. 运营安全专篇和公共安全专篇

正确答案:B

【试题解析】

《国务院办公厅关于保障城市轨道交通安全运行的意见》第三条第六款对在工程可行性研究和初步设计文件中设置运营服务专篇和公共安全专篇作出了明确规定。

"(六)做好相关环节衔接……在工程可行性研究和初步设计文件中设置运营服务专篇和公共安全专篇,发展改革、规划等部门在审批时要以书面形式听取同级交通运输部门、公安机关意见。"

故本题选 B。

4. 依据《国务院办公厅关于保障城市轨道交通安全运行的意见》(国办发〔2018〕13号),城市轨道交通工程项目原则上要在(　　)编制前确定运营单位。

  A.项目建议书　　　　　　　　　　B.可行性研究报告

  C.总体设计文件　　　　　　　　　　D.初步设计文件

正确答案:B

【试题解析】

《国务院办公厅关于保障城市轨道交通安全运行的意见》中第三条第六款对确定运营单位的时期作出了原则性规定。

"(六)做好相关环节衔接……城市轨道交通工程项目原则上要在可行性研究报告编制前确定运营单位。"

故本题选 B。

5. 依据《国务院办公厅关于保障城市轨道交通安全运行的意见》(国办发〔2018〕13号),运营单位承担(　　)主体责任,落实(　　)等有关法规规定的责任和措施。

  A.安全生产;反恐防暴、内部治安保卫、消防安全

  B.反恐防暴;安全生产、内部治安保卫、消防安全

  C.内部治安保卫;安全生产、反恐防暴、消防安全

  D.消防安全;安全生产、反恐防暴、内部治安保卫

正确答案:A

【试题解析】

《国务院办公厅关于保障城市轨道交通安全运行的意见》第二条第三款对运营单位承担的主体责任和有关法规规定的责任和措施作出了规定。

"(三)健全管理体制机制……运营单位承担安全生产主体责任,落实反恐防暴、内部治安保卫、消防安全等有关法规规定的责任和措施。"

故本题选 A。

6. 依据《国务院办公厅关于保障城市轨道交通安全运行的意见》(国办发〔2018〕13号)关于城市轨道交通应急处置应对工作,公安、交通运输等部门以及运营单位、街道、社区要密切协同联动。要充分发挥志愿者在安全防范和应急处置中的积极作用,提高乘客(　　)能力。

  A.应急抢修　　　B.快速处置　　　C.自救互救　　　D.应急报警

正确答案:C

【试题解析】

《国务院办公厅关于保障城市轨道交通安全运行的意见》第六条第十五款对提高乘客自

救互救能力作出了要求。

"(十五)强化现场处置应对……充分发挥志愿者在安全防范和应急处置中的积极作用,提高乘客自救互救能力。"

故本题选 C。

7.依据《国务院办公厅关于保障城市轨道交通安全运行的意见》(国办发〔2018〕13号),城市轨道交通线网规划要科学确定线网布局、规模和用地控制要求,与综合交通体系规划有机衔接,主要内容纳入(   )。

    A.城市综合交通规划   B.城市总体规划
    C.城市建设规划   D.城市公共交通规划

正确答案:B

【试题解析】

《国务院办公厅关于保障城市轨道交通安全运行的意见》第三条第五款对城市轨道交通线网规划作出了要求。

"(五)科学编制规划……城市轨道交通线网规划要科学确定线网布局、规模和用地控制要求,与综合交通体系规划有机衔接,主要内容纳入城市总体规划。"

故本题选 B。

8.依据《国家城市轨道交通运营突发事件应急预案》(国办函〔2015〕32号)适用于城市轨道交通运营过程中发生的因列车撞击、脱轨,设施设备故障、损毁,以及(   )等情况,造成人员伤亡、行车中断、财产损失的突发事件应对工作。

    A.气象灾害   B.刑事案件   C.公共卫生事件   D.大客流

正确答案:D

【试题解析】

《国家城市轨道交通运营突发事件应急预案》中 1.3 对适用范围进行了说明。

"1.3 适用范围 本预案适用于城市轨道交通运营过程中发生的因列车撞击、脱轨,设施设备故障、损毁,以及大客流等情况,造成人员伤亡、行车中断、财产损失的突发事件应对工作。……"

故本题选 D。

9.依据《国家城市轨道交通运营突发事件应急预案》(国办函〔2015〕32号)中规定的事件分级标准的指标不包括(   )。

    A.死亡人数   B.直接经济损失   C.轻伤人数   D.连续中断行车时间

正确答案:C

【试题解析】

《国家城市轨道交通运营突发事件应急预案》中 7.2 对事件分级标准的指标进行了阐述。

"7.2 事件分级标准 (1)特别重大运营突发事件:造成30人以上死亡,或者100人以上重伤,或者直接经济损失 1 亿元以上的。(2)重大运营突发事件:造成 10 人以上 30 人以下死亡,或者 50 人以上 100 人以下重伤,或者直接经济损失 5000 万元以上 1 亿元以下,或者连续中断行车 24 小时以上的。(3)较大运营突发事件:造成 3 人以上 10 人以下死亡,或者 10 人以上 50 人以下重伤,或者直接经济损失 1000 万元以上 5000 万元以下,或者连续中断行车 6 小时以上 24 小时以下的。(4)一般运营突发事件:造成 3 人以下死亡,或者 10 人以下重伤,或者直接经济损失 50 万元以上 1000 万元以下,或者连续中断行车 2 小时以上 6 小时以下的。"

ABD 项均涉及在内,故本题选 C。

10.依据《国务院办公厅关于保障城市轨道交通安全运行的意见》(国办发〔2018〕13号),要建立协调联动、快速反应、科学处置的工作机制,强化(　　)对突发事件第一时间处置应对的能力,最大程度减少突发事件可能导致的人员伤亡和财产损失。

A.城市人民政府　　　　　　B.交通运输部
C.运营主管部门　　　　　　D.运营单位

正确答案:D

【试题解析】

《国务院办公厅关于保障城市轨道交通安全运行的意见》第六款第十五条强化现场处置应对。对强化运营单位对突发事件第一时间处置应对的能力进行要求。

"第十五条　强化现场处置应对。建立协调联动、快速反应、科学处置的工作机制,强化运营单位对突发事件第一时间处置应对的能力,最大程度减少突发事件可能导致的人员伤亡和财产损失。……"

故本题选 D。

11.依据《国家城市轨道交通运营突发事件应急预案》(国办函〔2015〕32号),根据运营突发事件的严重程度和发展态势,将应急响应设定为(　　)个等级。

A.3　　　　　　B.4　　　　　　C.5　　　　　　D.6

正确答案:B

【试题解析】

《国家城市轨道交通运营突发事件应急预案》中 4.1 对应急响应设定等级进行了规定。

"4.1　响应分级　根据运营突发事件的严重程度和发展态势,将应急响应设定为Ⅰ级、Ⅱ级、Ⅲ级、Ⅳ级四个等级。……"

故本题选 B。

12.依据《国家城市轨道交通运营突发事件应急预案》(国办函〔2015〕32号),运营突发事件应对工作坚持统一领导、属地负责,条块结合、协调联动,(　　)的原则。

A.及时报告、科学处置　　　　　　B.及时报告、以人为本
C.快速反应、科学处置　　　　　　D.快速反应、以人为本

正确答案:C

【试题解析】

《国家城市轨道交通运营突发事件应急预案》中1.4对运营突发事件应对处置原则作出要求。

"1.4 运营突发事件应对工作坚持统一领导、属地负责,条块结合、协调联动,快速反应、科学处置的原则。……"

故本题选C。

13.依据《国家城市轨道交通运营突发事件应急预案》(国办函〔2015〕32号),运营单位要及时对可能导致运营突发事件的风险信息进行分析研判,预估可能造成影响的(   )和(   )。

  A.范围;程度 B.损失;风险 C.风险;范围 D.程度;损失

正确答案:A

【试题解析】

《国家城市轨道交通运营突发事件应急预案》中3.2.1对运营单位提出了要求。

"3.2.1 运营单位要及时对可能导致运营突发事件的风险信息进行分析研判,预估可能造成影响的范围和程度。……"

故本题选A。

14.依据《城市轨道交通运营管理规定》(中华人民共和国交通运输部令2018年第8号),(   )应当按照法律法规的规定取得职业准入资格。

  A.列车驾驶员 B.行车调度员 C.行车值班员 D.站务员

正确答案:A

【试题解析】

《城市轨道交通运营管理规定》第二章第十三条对列车司机职业准入资格作出了要求。

"第十三条 ……城市轨道交通列车驾驶员应当按照法律法规的规定取得驾驶员职业准入资格……。"

故本题选A。

15.依据《城市轨道交通运营管理规定》(中华人民共和国交通运输部令2018年第8号),运营单位应当建立(   ),严格落实网络安全有关规定和等级保护要求,加强列车运行控制等关键系统信息安全保护。

  A.应急管理体系   B.网络安全管理制度

  C.应急演练制度   D.隐患排查治理制度

正确答案:B

【试题解析】

《城市轨道交通运营管理规定》第二章第十六条对运营单位网络安全管理进行了要求。

"第十六条　……运营单位应当建立网络安全管理制度,严格落实网络安全有关规定和等级保护要求,加强列车运行控制等关键系统信息安全保护,提升网络安全水平。"

故本题选 B。

16.依据《城市轨道交通运营管理规定》(中华人民共和国交通运输部令 2018 年第 8 号),运营单位应当定期组织运营突发事件应急演练,其中综合应急预案演练和专项应急预案演练(　　)至少组织一次。

　　A.每两年　　　　　B.每年　　　　　C.每半年　　　　　D.每季度

正确答案:C

【试题解析】

《城市轨道交通运营管理规定》第五章第四十二条对运营单位定期组织运营突发事件应急演练进行要求。

"第四十二条　……运营单位应当定期组织运营突发事件应急演练,其中综合应急预案演练和专项应急预案演练每半年至少组织一次。……"

故本题选 C。

17.依据《城市轨道交通运营安全风险分级管控和隐患排查治理管理办法》(交运规〔2019〕7 号),城市轨道交通运营单位应按规定开展运营安全隐患排查治理工作,实现运营安全隐患排查治理的有效闭环。以下不属于规定的专项隐患排查涵盖范围的是(　　)。

　　A.重要节假日、重大活动等关键运输节点前

　　B.重点施工作业进行期间

　　C.工作日和周末列车运行图转换期间

　　D.发生重大故障或运营险性事件

正确答案:C

【试题解析】

《城市轨道交通运营安全风险分级管控和隐患排查治理管理办法》第十四条对专项检查作出了规定。

第十四条　……遇到以下情况之一的,应开展专项排查:

"(一)关键设施设备更新改造;

"(二)以防汛、防火、防寒等为重点的季节性隐患排查;

"(三)重要节假日、重大活动等关键运输节点前;

"(四)重点施工作业进行期间;

"(五)发生重大故障或运营险性事件;

"(六)根据政府或有关管理部门安全部署;

"(七)需开展专项排查的其他情况。"

ABD 都在选项范围内,故本题选 C。

18.依据《城市轨道交通运营安全风险分级管控和隐患排查治理管理办法》(交运规

〔2019〕7 号),城市轨道交通日常隐患排查是指结合班组、岗位日常工作组织开展的经常性隐患排查,排查范围应覆盖日常生产作业环节,排查频率应为( )。

A. 每周不少于 1 次   B. 每周不少于 2 次

C. 每日 1 次   D. 每月不少于 1 次

正确答案:A

【试题解析】

《城市轨道交通运营安全风险分级管控和隐患排查治理管理办法》第十四条对日常排查工作作出了具体要求

"第十四条 ……日常排查是指结合班组、岗位日常工作组织开展的经常性隐患排查,排查范围应覆盖日常生产作业环节,每周应不少于 1 次。……"

故本题选 A。

19.依据《城市轨道交通运营安全风险分级管控和隐患排查治理管理办法》(交运规〔2019〕7 号),城市轨道交通运营单位应按照"分级管控"原则建立健全风险管控工作机制。对于重大风险,应由( )牵头组织制定管控措施;对于较大风险,应由( )牵头组织制定管控措施;对于一般及较小风险,应由( )组织制定管控措施。

A. 运营单位负责人;安全管理人员;班组负责人

B. 专业部门负责人;安全管理人员;班组负责人

C. 运营单位负责人;专业部门负责人;班组负责人

D. 专业部门负责人;班组负责人;现场工作人员

正确答案:C

【试题解析】

《城市轨道交通运营安全风险分级管控和隐患排查治理管理办法》第十条对城市轨道交通运营单位按照"分级管控"原则建立健全风险管控工作机制作出了具体要求。

"第十条 运营单位应按照'分级管控'原则建立健全风险管控工作机制。对于重大风险,应由运营单位负责人牵头组织制定管控措施;对于较大风险,应由专业部门负责人牵头组织制定管控措施;对于一般风险及较小风险,应由班组负责人组织制定管控措施。……"

故本题选 C。

20.依据《城市轨道交通运营安全风险分级管控和隐患排查治理管理办法》(交运规〔2019〕7 号),一般隐患整改完成后,由运营单位( )或相关专业技术人员复核确认销号。

A. 主要负责人   B. 负责人   C. 部门负责人   D. 班组长

正确答案:C

【试题解析】

《城市轨道交通运营安全风险分级管控和隐患排查治理管理办法》第十六条对一般隐患整改完成后,复核确认销号进行了要求。

"第十六条 ……一般隐患整改完成后,由运营单位部门负责人或相关专业技术人员复核确认销号。"

故本题选 C。

21.依据《城市轨道交通运营安全风险分级管控和隐患排查治理管理办法》(交运规〔2019〕7 号),对于排查出的重大隐患,运营单位应立即上报城市轨道交通运营主管部门,由城市轨道交通运营主管部门(　　)。

　　A.组织整改　　　　B.挂牌督办　　　　C.强化督导　　　　D.纳入台账

正确答案:B

【试题解析】

《城市轨道交通运营安全风险分级管控和隐患排查治理管理办法》第十七条对排查出的重大隐患处理作出了要求。

"第十七条　对于排查出的重大隐患,运营单位应立即上报城市轨道交通运营主管部门,由城市轨道交通运营主管部门挂牌督办,督促有关责任单位制定并实施严格的隐患治理方案,做到责任、措施、资金、时限和预案等落实到位。……"

故本题选 B。

22.依据《城市轨道交通运营安全风险分级管控和隐患排查治理管理办法》(交运规〔2019〕7 号),运营单位制定的隐患治理方案应自排查出重大隐患之日起(　　)内报送城市轨道交通运营主管部门;重大隐患整改完成后,应当于(　　)内报送城市轨道交通运营主管部门。

　　A.10 个工作日;3 个工作日　　　　B.15 个工作日;3 个工作日

　　C.20 个工作日;5 个工作日　　　　D.30 个工作日;5 个工作日

正确答案:B

【试题解析】

《城市轨道交通运营安全风险分级管控和隐患排查治理管理办法》第十七条对运营单位制定的隐患治理方案和重大隐患整改完成后报送运营主管部门时限作出了要求。

"第十七条　……隐患治理方案应自排查出重大隐患之日起15 个工作日内报送城市轨道交通运营主管部门。重大隐患未整改完毕前应制定可靠的安全控制和防范措施,整改完成后,由运营单位负责人组织验收销号,形成明确验收结论,并于3 个工作日内报送城市轨道交通运营主管部门。"

故本题选 B。

23.依据《城市轨道交通运营安全风险分级管控和隐患排查治理管理办法》(交运规〔2019〕7 号),新增或更新的风险管控措施应及时修订到本单位的相关管理制度、作业标准或应急预案。其中,重大风险管控措施应在(　　)个月内修订完成。

　　A.1　　　　　　B.3　　　　　　C.6　　　　　　D.12

正确答案:B

【试题解析】

《城市轨道交通运营安全风险分级管控和隐患排查治理管理办法》第二十条对重大风险

管控措施的修订时限作出了要求。

"第二十条 ……新增或更新的风险管控措施应及时修订到本单位的相关管理制度、作业标准或应急预案。其中,重大风险管控措施应在3个月内修订完成。"

故本题选B。

24.依据《城市轨道交通运营安全风险分级管控和隐患排查治理管理办法》(交运规〔2019〕7号),城市轨道交通运营安全风险分级管控和隐患排查治理工作坚持目标导向、全面覆盖、科学施策、( )的原则。

A.闭环管理 B.安全生产 C.逐级负责 D.以人为本

正确答案:A

【试题解析】

《城市轨道交通运营安全风险分级管控和隐患排查治理管理办法》第三条对城市轨道交通运营安全风险分级管控和隐患排查治理工作应坚持的原则提出了要求。

"第三条 城市轨道交通运营安全风险分级管控和隐患排查治理工作坚持目标导向、全面覆盖、科学施策、闭环管理的原则。"

故本题选A。

25.依据《城市轨道交通运营安全风险分级管控和隐患排查治理管理办法》(交运规〔2019〕7号),城市轨道交通运营单位承担运营安全风险分级管控和隐患排查治理工作( ),逐级分解责任,确保责任落实到部门和岗位。

A.部分责任 B.主体责任 C.同等责任 D.一定责任

正确答案:B

【试题解析】

《城市轨道交通运营安全风险分级管控和隐患排查治理管理办法》第四条对城市轨道交通运营单位承担运营安全风险分级管控和隐患排查治理工作主体责任提出了要求。

"第四条 ……城市轨道交通运营单位(以下简称运营单位)承担运营安全风险分级管控和隐患排查治理工作主体责任,逐级分解责任,确保责任落实到部门和岗位。"

故本题选B。

26.依据《城市轨道交通运营安全风险分级管控和隐患排查治理管理办法》(交运规〔2019〕7号),城市轨道交通运营安全风险等级从高到低划分为哪几个等级? ( )

A.重大、较大、一般、较小 B.重大、较大、一般

C.重大、一般 D.特别重大、重大、较大、一般、较小

正确答案:A

【试题解析】

《城市轨道交通运营安全风险分级管控和隐患排查治理管理办法》第八条对城市轨道交通运营安全风险等级进行了划分。

"第八条 ……城市轨道交通运营安全风险等级从高到低划分为重大、较大、一般、较小

四个等级,风险等级由风险点发生风险事件可能性和后果严重程度的组合决定。……"

故本题选 A。

27.依据《城市轨道交通行车组织管理办法》,城市轨道交通运营单位应将(　　)作为行车组织工作的基础,组织内部各部门严格根据列车运行图的要求开展运营生产工作,保证按图行车。

A.列车运行图　　　　　　　B.信号系统

C.客运组织　　　　　　　　D.司机排班

正确答案:A

【试题解析】

《城市轨道交通行车组织管理办法》第五条对城市轨道交通运营单位将列车运行图作为行车组织工作的基础作出了要求。

"第五条　……运营单位应将列车运行图作为行车组织工作的基础,组织内部各部门严格根据列车运行图的要求开展运营生产工作,保证按图行车。……"

故本题选 A。

28.依据《城市轨道交通行车组织管理办法》,城市轨道交通地面线路发生火灾、爆炸、毒气攻击等事件时,应(　　)。

A.立即报告行车调度员,按调度命令执行

B.立即停车,及时疏散

C.立即电话请示车队长

D.立即停车,观察,向行车调度员报告

正确答案:B

【试题解析】

《城市轨道交通行车组织管理办法》第三十三条对城市轨道交通地面线路发生火灾、爆炸、毒气攻击等事件时的立即停车和及时疏散作出了要求。

"第三十三条　……地面线路发生火灾、爆炸、毒气攻击等事件时,应立即停车,及时疏散。"

故本题选 B。

29.依据《城市轨道交通行车组织管理办法》,当城市轨道交通列车在区间发生突发情况时,行车调度人员应及时发布调度命令,在保证行车安全的前提下(　　)。

A.立即停车　　　　　　　　B.等待救援

C.尽可能维持列车运行　　　D.立即清客

正确答案:C

【试题解析】

《城市轨道交通行车组织管理办法》第十八条对城市轨道交通列车在区间发生突发情况时,行车调度人员采取的措施作出了要求。

"第十八条　发生突发情况,行车调度人员应及时发布调度命令,在保证行车安全的前提下尽可能维持列车运行。……"

故本题选 C。

30. 依据《城市轨道交通行车组织管理办法》,城市轨道交通运营单位应合理安排驾驶员工作时间,单次值乘的驾驶时长不应超过(　　)h;连续值乘间隔不应小于(　　)min。

  A. 1;10　　　　　B. 2;15　　　　　C. 3;20　　　　　D. 4;30

正确答案:B

【试题解析】

《城市轨道交通行车组织管理办法》第十二条对城市轨道交通运营单位合理安排驾驶员工作时间作出了要求。

"第十二条　运营单位应合理安排驾驶员工作时间,单次值乘的驾驶时长不应超过 2h,连续值乘间隔不应小于 15min。……"

故本题选 B。

31. 依据《城市轨道交通行车组织管理办法》,城市轨道交通施工列车作业区域与相邻的施工区域应至少保持(　　)间隔。跟随末班车运行的工程车,与前方运营列车应至少保持(　　)行车间隔。

  A. 一站一区间;一站一区间　　　　　B. 一站一区间;两站一区间

  C. 两站一区间;两站一区间　　　　　D. 两站一区间;一站一区间

正确答案:A

【试题解析】

《城市轨道交通行车组织管理办法》第三十六条对城市轨道交通施工列车作出了要求。

"第三十六条　施工列车作业区域与相邻的施工区域应至少保持一站一区间间隔。跟随末班车运行的工程车,与前方运营列车应至少保持一站一区间行车间隔。……"

故本题选 A。

32. 依据《城市轨道交通行车组织管理办法》,城市轨道交通运营单位使用的列车运行图应至少保存(　　)年。

  A. 1　　　　　　B. 2　　　　　　C. 3　　　　　　D. 4

正确答案:B

【试题解析】

《城市轨道交通行车组织管理办法》第五条对城市轨道交通运营单位使用的列车运行图应至少保存时间作出了要求。

"第五条　……列车运行图应至少保存 2 年。"

故本题选 B。

33. 依据《城市轨道交通行车组织管理办法》,城市轨道交通列车需越过防护信号机显示的禁止信号时,行车调度人员应确认该信号机后方线路空闲、道岔位置正确且锁闭后,方可发布越过禁止信号的命令,首列车运行速度不应高于(　　)km/h。

　　A. 35　　　　　　　B. 30　　　　　　　C. 20　　　　　　　D. 25

正确答案:D

【试题解析】

《城市轨道交通行车组织管理办法》第二十一条对城市轨道交通列车需越过防护信号机显示的禁止信号时的要求作出了规定。

"第二十一条　列车需越过防护信号机显示的禁止信号时,行车调度人员应确认该信号机后方线路空闲、道岔位置正确且锁闭后,方可发布越过禁止信号的命令,首列车运行速度不应高于25km/h。"

故本题选 D。

34. 依据《城市轨道交通行车组织管理办法》,城市轨道交通列车停站越过停车标未超过可退行距离需退行时,列车驾驶员应退行列车,推进退行速度不应超过(　　)km/h。

　　A. 5

　　C. 15

　　B. 10

　　D. 20

正确答案:A

【试题解析】

《城市轨道交通行车组织管理办法》第二十三条对城市轨道交通列车停站越过停车标未超过可退行距离需退行时的退行速度做出要求。

"第二十三条　列车停站越过停车标未超过可退行距离需退行时,驾驶员应退行列车,推进退行速度不应超过5km/h。……"

故本题选 A。

35. 依据《城市轨道交通行车组织管理办法》,城市轨道交通列车因故需在区间退行或列车越过停车标超过可退行距离确需退行时,驾驶员应及时报告行车调度人员。行车调度人员应扣停后续列车,在确认列车退行路径空闲且满足安全防护距离、道岔位置正确且锁闭后,方可发布退行命令,必要时应组织车站行车人员做好引导。推进退行速度不应超过(　　)km/h,牵引退行速度不应超过(　　)km/h。

　　A. 15;35　　　　　　　　　　　　B. 10;35

　　C. 20;35　　　　　　　　　　　　D. 20;50

正确答案:B

【试题解析】

《城市轨道交通行车组织管理办法》第二十四条对推进退行速度和牵引退行速度作出了要求。

"第二十四条　列车因故需在区间退行或列车越过停车标超过可退行距离确需退行时,推进退行速度不应超过10km/h,牵引退行速度不应超过35km/h。"

故本题选 B。

36. 依据《城市轨道交通行车组织管理办法》,当城市轨道交通接触网(轨)失电时,驾驶员应尽量维持列车进站,并及时报告行车调度人员。行车及电力调度人员应组织设备维护人员及时排查处理,具备条件的应及时切换供电方式,必要时减少列车上线运行对数。列车迫停地下区间超过( )min 时,环控调度人员应启动相应环控模式。

    A. 3   B. 4   C. 5   D. 8

正确答案:B

【试题解析】

《城市轨道交通行车组织管理办法》第二十九条对城市轨道交通接触网(轨)失电时的处理作出了要求。

"第二十九条 ……列车迫停地下区间超过 4min 时,环控调度人员应启动相应环控模式。"

故本题选 B。

37. 依据《城市轨道交通行车组织管理办法》,遇恶劣天气时,城市轨道交通行车相关人员可根据情况及时采取加强瞭望、限速、停运、封站等措施,并应按照以下要求组织行车调整,对于地面及高架线路,风力波及区段风力达 7 级时列车运行速度不应超过( )km/h,风力达 8 级时列车运行速度不应超过( )km/h,风力达 9 级及以上时应停运。

    A. 65;15   B. 60;25   C. 60;30   D. 65;30

正确答案:B

【试题解析】

《城市轨道交通行车组织管理办法》第三十二条第一款对遇恶劣天气时,城市轨道交通行车相关人员可采取的措施作出了具体要求。

"第三十二条 遇恶劣天气时,行车相关人员可根据情况及时采取加强瞭望、限速、停运、封站等措施,并应按照以下要求组织行车调整:(一)对于地面及高架线路,风力波及区段风力达 7 级时列车运行速度不应超过 60km/h,风力达 8 级时列车运行速度不应超过 25km/h,风力达 9 级及以上时应停运。……"

故本题选 B。

38. 依据《城市轨道交通行车组织管理办法》,城市轨道交通列车等级由高至低排列正确的是( )。

    A. 载客列车、专运列车、调试列车、空驶列车、其他列车

    B. 专运列车、载客列车、空驶列车、调试列车、其他列车

    C. 载客列车、专运列车、空驶列车、调试列车、其他列车

    D. 专运列车、载客列车、调试列车、空驶列车、其他列车

正确答案:B

【试题解析】

《城市轨道交通行车组织管理办法》第八条对城市轨道交通列车等级作出了规定。

"第八条　城市轨道交通列车等级由高至低依次为专运列车、载客列车、空驶列车、调试列车和其他列车。开往事故现场的抢险救援列车,在确保乘客安全的前提下,应优先办理行车。"

故本题选 B。

39.依据《城市轨道交通行车组织管理办法》,行车组织方法由高至低排列正确的是(　　　)。

　　A.准移动闭塞法、移动闭塞法、进路闭塞法、电话闭塞法

　　B.移动闭塞法、准移动闭塞法、电话闭塞法、进路闭塞法

　　C.移动闭塞法、准移动闭塞法、进路闭塞法、电话闭塞法

　　D.准移动闭塞法、移动闭塞法、电话闭塞法、进路闭塞法

正确答案:C

【试题解析】

《城市轨道交通行车组织管理办法》第十条对行车组织方法作出了排列。

"第十条　行车组织方法由高至低包括移动闭塞法、准移动闭塞法、进路闭塞法、电话闭塞法等。"

故本题选 C。

40.依据《城市轨道交通行车组织管理办法》,列车连挂后两列车均为空驶的,推进运行速度不应超过(　　　)km/h,牵引运行速度不应超过(　　　)km/h;任一列车载客的,运行速度不应超过(　　　)km/h。

　　A.30;45;25　　　　B.30;25;45　　　　C.25;30;45　　　　D.25;45;30

正确答案:A

【试题解析】

《城市轨道交通行车组织管理办法》第二十六条对列车连挂后两列车运行速度作出了要求。

"第二十六　条救援列车接近故障列车时应停车,与故障列车联系确认后进行连挂,……连挂后两列车均为空驶的,推进运行速度不应超过30km/h,牵引运行速度不应超过45km/h;任一列车载客的,运行速度不应超过25km/h。"

故本题选 A。

41.依据《城市轨道交通行车组织管理办法》,遇雾、霾、雨、雪、沙尘等恶劣天气,瞭望距离不足100m、50m、30m 时,列车运行速度分别不应超过(　　　)km/h、(　　　)km/h、(　　　)km/h。

　　A.60;40;20　　　　B.50;40;30　　　　C.50;30;15　　　　D.50;25;10

正确答案:C

【试题解析】

《城市轨道交通行车组织管理办法》第三十二条第二款对遇雾、霾、雨、雪、沙尘等恶劣天

气,瞭望距离不足100m、50m、30m时,列车运行速度进行了要求。

"第三十二条 ……(二)遇雾、霾、雨、雪、沙尘等恶劣天气瞭望困难时,地面及高架线路列车应开启前照灯,限速运行,适时鸣笛。当瞭望距离不足100m、50m、30m时,列车运行速度分别不应超过50km/h、30km/h、15km/h;瞭望距离不足5m时,驾驶员应立即停车。驾驶员无法看清信号机显示、道岔位置时,应停车确认,严禁臆测行车。"

故本题选C。

42. 依据《城市轨道交通客运组织与服务管理办法》(交运规〔2019〕15号),以下哪条措施不属于城市轨道交通常用的客流控制措施?( )

A. 关停部分自动检票机　　　　B. 关闭自动扶梯

C. 关闭换乘通道　　　　　　　D. 关闭车站

正确答案:D

【试题解析】

《城市轨道交通客运组织与服务管理办法》第十五条对城市轨道交通常用的客流控制措施内容进行了明确。

"第十五条 运营单位应当持续监测客流情况,科学编制列车运行计划,在线路设计能力范围内合理安排运力,不断满足客流需求……客流控制措施包括关停部分自动检票机、关闭自动扶梯、关闭换乘通道、单向开放或关闭出入口等。客流控制措施不包括关闭车站。"

故本题选D。

43. 依据《城市轨道交通客运组织与服务管理办法》(交运规〔2019〕15号),车站工作人员应对车站出入口、站厅、站台、通道等公共区域进行巡视,巡视频率不低于每( )h一次。

A. 1　　　　　B. 2　　　　　C. 3　　　　　D. 4

正确答案:C

【试题解析】

《城市轨道交通客运组织与服务管理办法》第十三条对巡视频率提出了要求。

"第十三条 车站工作人员应对车站出入口、站厅、站台、通道等公共区域进行巡视,……巡视频率不应低于每3h一次,发现异常情况及时进行处理;遇客流高峰、恶劣天气、重大活动等情况,应根据需要增加巡视次数。"

故本题选C。

44. 依据《城市轨道交通客运组织与服务管理办法》(交运规〔2019〕15号),运营单位应当持续监测客流情况,科学编制( ),在线路涉及能力范围内合理安排运力,不断满足客流需求。

A. 列车停站方案　　　　　　　B. 列车运行计划

C. 列车配属计划　　　　　　　D. 列车交路方案

正确答案:B

【试题解析】

《城市轨道交通客运组织与服务管理办法》第十五条对运营单位不断满足客流需求采取的措施提出了要求。

"第十五条　运营单位应当持续监测客流情况,科学编制列车运行计划,在线路设计能力范围内合理安排运力,不断满足客流需求。……"

故本题选B。

45. 依据《城市轨道交通设施设备运行维护管理办法》,对城市轨道交通区间消防电话、应急照明、区间联络通道、区间疏散平台、车站、区间人防门(防淹门)和区间防排烟系统和风阀等设施设备,至少每(　　)个月进行一次检查和功能测试。

    A.6　　　　　　　B.12　　　　　　　C.18　　　　　　　D.24

正确答案:B

【试题解析】

《城市轨道交通设施设备运行维护管理办法》第十一条第一款对设施设备检查和功能测试频率提出了要求。

"第十一条　(一)对区间消防电话、应急照明、区间联络通道、区间疏散平台、车站、区间人防门(防淹门)和区间防排烟系统和风阀等设施设备,至少每年进行一次检查和功能测试。"

故本题选B。

46. 依据《城市轨道交通设施设备运行维护管理办法》,城市轨道交通运营单位应按(　　)统计设施设备故障情况,定期开展设施设备故障发生次数、平均无故障运行时间、故障发生率等重点指标分析,对设施设备运行状况和服役能力进行持续评估,为设施设备维护及更新改造提供支持。

    A.半年　　　　　　B.月　　　　　　　C.季　　　　　　　D.年

正确答案:B

【试题解析】

《城市轨道交通设施设备运行维护管理办法》第二十六条对城市轨道交通运营单位统计设施设备故障情况的频率提出了要求。

"第二十六条　运营单位应按月统计设施设备故障情况,定期开展设施设备故障发生次数、平均无故障运行时间、故障发生率等重点指标分析,对设施设备运行状况和服役能力进行持续评估,为设施设备维护及更新改造提供支持。"

故本题选B。

47. 依据《城市轨道交通设施设备运行维护管理办法》,城市轨道交通运营单位应定期组织对桥梁、隧道、轨道、路基等设施进行巡查和监测工作,混凝土桥梁巡查频率应至少每(　　)个月检查1次。

A.3　　　　　B.5　　　　　C.6　　　　　D.8

正确答案：A

【试题解析】

《城市轨道交通设施设备运行维护管理办法》第八条第一款对混凝土桥梁巡查频率提出了要求。

"第八条　运营单位应定期组织对桥梁、隧道、轨道、路基等设施进行巡查和监测工作，并符合以下要求：（一）桥梁。混凝土桥梁巡查频率不应低于1次/3月。……"

故本题选A。

48.依据《城市轨道交通设施设备运行维护管理办法》，城市轨道交通运营单位对信号系统降级功能、接触网（轨）单边供电和大双边供电功能，至少每（　　）个月进行一次测试。

A.6　　　　　B.12　　　　　C.18　　　　　D.24

正确答案：B

【试题解析】

《城市轨道交通设施设备运行维护管理办法》第十一条第二款对城市轨道交通运营单位对信号系统降级功能、接触网（轨）单边供电和大双边供电功能测试频率提出了要求。

"第十一条　运营单位应做好下列设施设备的运行测试、管理和安全防护，具体包括：……（二）对信号系统降级功能、接触网（轨）单边供电和大双边供电功能，至少每年进行一次测试。……"

故本题选B。

49.依据《城市轨道交通设施设备运行维护管理办法》，城市轨道交通车辆系统列检间隔时间不超过（　　）天，月检间隔时间不超过（　　）个月。

A.15；3　　　　B.10；3　　　　C.15；6　　　　D.10；6

正确答案：A

【试题解析】

《城市轨道交通设施设备运行维护管理办法》第十二条第一款对城市轨道交通车辆系统列检和月检间隔时间提出了要求。

"第十二条　运营单位应组织编制设施设备维护规程。维护规程的发布、修订、废止等应经充分技术论证后方可实施。……（一）车辆系统列检间隔时间不超过15天，月检间隔时间不超过3个月。……"

故本题选A。

50.依据《城市轨道交通设施设备运行维护管理办法》，城市轨道交通车辆系统大修间隔不超过（　　）。

A.10年或140万车公里　　　　　B.10年或160万车公里

C.20年或250万车公里　　　　　D.20年或300万车公里

正确答案:B

【试题解析】

《城市轨道交通设施设备运行维护管理办法》第十二条第一款对城市轨道交通车辆系统大修间隔提出了要求。

"第十二条　运营单位应组织编制设施设备维护规程。维护规程的发布、修订、废止等应经充分技术论证后方可实施。……(一)车辆系统列检间隔时间不超过15天,月检间隔时间不超过3个月,架修间隔不超过5年或80万车公里,大修间隔不超过10年或160万车公里,整体使用寿命一般不超过30年或480万车公里。……"

故本题选B。

51. 依据《城市轨道交通设施设备运行维护管理办法》,城市轨道交通车辆系统整体使用寿命一般不超过(　　)。

　　A. 20年或300万车公里　　　　　　　　　B. 20年或350万车公里

　　C. 30年或480万车公里　　　　　　　　　D. 30年或540万车公里

正确答案:C

【试题解析】

《城市轨道交通设施设备运行维护管理办法》第十二条第一款对城市轨道交通车辆系统整体使用寿命提出了要求。

"第十二条　运营单位应组织编制设施设备维护规程。维护规程的发布、修订、废止等应经充分技术论证后方可实施。……(一)车辆系统列检间隔时间不超过15天,月检间隔时间不超过3个月,架修间隔不超过5年或80万车公里,大修间隔不超过10年或160万车公里,整体使用寿命一般不超过30年或480万车公里。……"

故本题选C。

52. 依据《城市轨道交通设施设备运行维护管理办法》,城市轨道交通信号系统维护间隔时间不超过(　　)天,整体使用寿命一般不超过(　　)年。

　　A. 7;25　　　　　　B. 7;20　　　　　　C. 15;20　　　　　　D. 15;25

正确答案:B

【试题解析】

《城市轨道交通设施设备运行维护管理办法》第十二条第二款对城市轨道交通信号系统维护间隔时间和整体使用寿命提出了要求。

"第十二条　运营单位应组织编制设施设备维护规程。维护规程的发布、修订、废止等应经充分技术论证后方可实施。……(二)信号系统维护间隔时间不超过7天,整体使用寿命一般不超过20年。……"

故本题选B。

53. 依据《城市轨道交通设施设备运行维护管理办法》,城市轨道交通运营单位应合理制定运营计划,保障设施设备维护工作时间,运营线路每天非运营时间内的设备设施检修施工预留时间不宜少于(　　)h。

　　A. 3　　　　　　　B. 8　　　　　　　C. 4　　　　　　　D. 6

正确答案:C

【试题解析】

《城市轨道交通设施设备运行维护管理办法》第十三条对运营线路每天非运营时间内的设备设施检修施工预留时间作出了规定。

"第十三条　……运营单位应合理制定运营计划,保障设施设备维护工作时间,运营线路每天非运营时间内的设备设施检修施工预留时间不宜少于4h……"。

故本题选 C。

54. 依据《城市轨道交通设施设备运行维护管理办法》,城市轨道交通信号系统更新改造时,新旧信号系统兼容运行的,在对两列列车进行升级并上线试用不少于(　　)后,方可开展对其他列车分批次更新升级。

　　A. 半个月　　　　　B. 1 个月　　　　　C. 2 个月　　　　　D. 3 个月

正确答案:B

【试题解析】

《城市轨道交通设施设备运行维护管理办法》第二十一条对城市轨道交通信号系统更新改造时,新旧信号系统兼容运行的,两列列车进行升级并上线试用的时间作出了规定。

"第二十一条　信号系统整体更新前,……新旧信号系统兼容运行的,在对两列列车进行升级并上线试用不少于1个月后,方可开展对其他列车分批次更新升级。……"

故本题选 B。

55. 依据《城市轨道交通设施设备运行维护管理办法》,城市轨道交通新旧信号系统倒切前,应在非运营时段开展不少于(　　)次的实战演练,新信号系统经过累计不少于(　　)h的不载客运行后方可投入运营。

　　A. 1;120　　　　　B. 2;144　　　　　C. 3;144　　　　　D. 4;120

正确答案:C

【试题解析】

《城市轨道交通设施设备运行维护管理办法》第二十一条对城市轨道交通新旧信号系统倒切前,应在非运营时段开展实战演练次数和不载客运行时间作出了规定。

"第二十一条　……新旧信号系统倒切前,应在非运营时段开展不少于3次的实战演练,新信号系统经过累计不少于144h的不载客运行后方可投入运营。"

故本题选 C。

56. 依据《城市轨道交通设施设备运行维护管理办法》,城市轨道交通更新改造过程中,轨道、车辆、供电、通信、信号等关键设施设备的主要部件批量采用新技术、新材料或新产品的,运营单位应在更新改造前对其安全性、可靠性、可维护性等进行充分评估,并小范围试用不少于(　　)个月,确认满足设施设备功能要求后方可逐步推广应用。

　　A.3　　　　　　　B.6　　　　　　　C.9　　　　　　　D.12

正确答案：A

【试题解析】

《城市轨道交通设施设备运行维护管理办法》第二十四条对因城市轨道交通更新改造，轨道、车辆、供电、通信、信号等关键设施设备的主要部件批量采用新技术、新材料或新产品的，运营单位应对上述部件在更新改造前采取的评估、试用指出了原则性要求。

"第二十四条　更新改造过程中，轨道、车辆、供电、通信、信号等关键设施设备的主要部件批量采用新技术、新材料或新产品的，运营单位应在更新改造前对其安全性、可靠性、可维护性等进行充分评估，并小范围试用不少于3个月，确认满足设施设备功能要求后方可逐步推广应用。"

故本题选 A。

57.依据《城市轨道交通设施设备运行维护管理办法》，城市轨道交通运营单位应按（　　　）编制设施设备更新改造方案，包含可行性论证、设计文件、运营组织调整方案和安全保障措施等内容。

　　A.月度　　　　　B.季度　　　　　C.半年度　　　　　D.年度

正确答案：D

【试题解析】

《城市轨道交通设施设备运行维护管理办法》第十八条对城市轨道交通运营单位按年度编制设施设备更新改造方案提出了要求。

"第十八条　……运营单位应按年度编制设施设备更新改造方案，包含可行性论证、设计文件、运营组织调整方案和安全保障措施等内容。城市轨道交通运营主管部门应加强对运营单位更新改造方案编制工作的监督，以满足安全运营需求。"

故本题选 D。

58.依据《城市轨道交通运营突发事件应急演练管理办法》（交运规〔2019〕9号），运营单位应在年度演练计划周期结束后（　　　　）个工作日内，将演练总结报告报送城市轨道交通运营主管部门。

　　A.10　　　　　　B.15　　　　　　C.20　　　　　　D.25

正确答案：C

【试题解析】

《城市轨道交通运营突发事件应急演练管理办法》对运营单位应在年度演练计划周期结束后将演练总结报告报送城市轨道交通运营主管部门的时间进行了规定。

"第二十一条　运营单位应在年度演练计划周期结束后20个工作日内，将演练总结报告报送城市轨道交通运营主管部门。……"

故本题选 C。

59.依据《城市轨道交通运营突发事件应急演练管理办法》（交运规〔2019〕9号），不属于城市轨道交通运营单位应急预案体系的是(   )。

    A. 部门应急预案   B. 综合应急预案

    C. 专项应急预案   D. 现场处置方案

正确答案：A

【试题解析】

《城市轨道交通运营突发事件应急演练管理办法》第五条对城市轨道交通运营单位应急预案体系内容进行了规定。

"第五条 ……城市轨道交通运营单位应建立城市轨道交通运营突发事件综合应急预案、专项应急预案和现场处置方案。"

故本题选 A。

60. 依据《城市轨道交通运营突发事件应急演练管理办法》(交运规〔2019〕9 号)，运营单位新编制或修订的综合、专项应急预案，应在预案生效(   )内报城市轨道交通运营主管部门。

    A. 15 日   B. 15 个工作日

    C. 20 日   D. 20 个工作日

正确答案：D

【试题解析】

《城市轨道交通运营突发事件应急演练管理办法》第五条第二款对运营单位新编制或修订的综合、专项应急预案，应报城市轨道交通运营主管部门的时间进行了规定。

第五条第二款 "城市轨道交通运营单位……新编制或修订的，应在预案生效 20 个工作日内报城市轨道交通运营主管部门。"

故本题选 D。

61. 依据《城市轨道交通运营突发事件应急演练管理办法》(交运规〔2019〕9 号)，运营单位年度应急演练计划中实战演练比例不得低于(   )。

    A. 50%   B. 60%   C. 70%   D. 80%

正确答案：C

【试题解析】

《城市轨道交通运营突发事件应急演练管理办法》第十条第二款对运营单位年度应急演练计划中实战演练比例进行了规定。

"第十条第二款 ……运营单位每半年至少组织一次专项应急预案演练……年度应急演练计划中实战演练比例不得低于 70% 。……"

62. 依据《城市轨道交通运营突发事件应急演练管理办法》(交运规〔2019〕9 号)，运营单位综合应急预案应与政府层面的哪一项应急预案相衔接？(   )

    A. 总体应急预案   B. 专项应急预案

    C. 部门应急预案   D. 现场处置方案

正确答案:B

【试题解析】

《城市轨道交通运营突发事件应急演练管理办法》第六条对运营单位综合应急预案应与政府层面的专项应急预案相衔接进行了规定。

"第六条　运营单位综合应急预案应与政府层面的专项应急预案相衔接,……"

故本题选 B。

63.依据《城市轨道交通运营突发事件应急演练管理办法》(交运规〔2019〕9 号),以下哪项内容不是电力调度员、环控调度员现场处置方案的内容?(　　)

　　A.大面积停电　　　B.供电区段失电　　　C.区间火灾　　　　D.站台门故障

正确答案:D

【试题解析】

《城市轨道交通运营突发事件应急演练管理办法》第八条第二款对电力调度员、环控调度员现场处置方案的内容进行了规定。

"第八条第二款　运营单位现场处置方案……关键岗位的现场处置方案应至少涵盖以下重点内容,并开展经常性演练:……(二)电力调度员、环控调度员:大面积停电、供电区段失电、电力监控系统离线、区间火灾、区间积水等。……"

故本题选 D。

64.依据《城市轨道交通运营险性事件信息报告与分析管理办法》(交运规〔2019〕10号),运营单位应在形成运营险性事件技术分析报告后(　　)个工作日内,报送至城市轨道交通运营主管部门。

　　A.15　　　　　　　B.10　　　　　　　C.5　　　　　　　　D.3

正确答案:C

【试题解析】

《城市轨道交通运营险性事件信息报告与分析管理办法》第九条对运营单位报送至城市轨道交通运营主管部门运营险性事件技术分析报告时间进行了规定。

"第九条　运营单位应在形成运营险性事件技术分析报告后5个工作日内,报送至城市轨道交通运营主管部门。……"

故本题选 C。

65.依据《城市轨道交通运营险性事件信息报告与分析管理办法》(交运规〔2019〕10号),城市轨道交通发生运营险性事件的,运营单位应在(　　)h 内向城市轨道交通运营主管部门报告;重大情况可越级上报。

　　A.1　　　　　　　B.2　　　　　　　C.3　　　　　　　　D.4

正确答案:A

【试题解析】

《城市轨道交通运营险性事件信息报告与分析管理办法》第五条对城市轨道交通发生运

营险性事件的,运营单位向城市轨道交通运营主管部门报告的时间进行了规定。

"第五条 发生运营险性事件的,城市轨道交通运营单位应在 1h 内向城市轨道交通运营主管部门报告。……"

故本题选 A。

66. 依据《城市轨道交通正式运营前和运营期间安全评估管理暂行办法》(交运规〔2019〕16 号),对正式运营前安全评估发现的问题,(   )应会同建设单位、设备供应商等制定整改方案,明确整改计划和措施,有关责任单位应按要求整改到位;对运营期间安全评估发现的问题,(   )应制定整改方案,明确整改计划和措施。

A. 运营单位;运营单位   B. 运营单位;建设单位

C. 施工单位;运营单位   D. 施工单位;建设单位

正确答案:A

【试题解析】

《城市轨道交通正式运营前和运营期间安全评估管理暂行办法》第十一条和第十八条对正式运营前安全评估发现的问题,运营单位应采取的措施进行了规定。

"第十一条 对正式运营前安全评估发现的问题,运营单位应当会同建设单位、设备供应商等制定整改方案,明确整改计划和措施,有关责任单位应按要求整改到位。

"第十八条 对运营期间安全评估发现的问题,运营单位应制定整改方案,明确整改计划和措施。……"

故本题选 A。

67. 依据《城市轨道交通正式运营前和运营期间安全评估管理暂行办法》(交运规〔2019〕16 号),城市轨道交通运营主管部门应当对投入运营的城市轨道交通线网进行运营期间安全评估,至少每(   )年组织开展一次。

A. 1   B. 2   C. 3   D. 5

正确答案:C

【试题解析】

《城市轨道交通正式运营前和运营期间安全评估管理暂行办法》第十三条对城市轨道交通运营主管部门应当对投入运营的城市轨道交通线网进行运营期间安全评估的组织开展频率进行了规定。

"第十三条 城市轨道交通运营主管部门应当对投入运营的城市轨道交通线网进行运营期间安全评估,至少每 3 年组织开展一次。……"

故本题选 C。

68. 依据《城市轨道交通初期运营前安全评估技术规范 第 1 部分:地铁和轻轨》(交办运〔2019〕17 号),城市轨道交通工程开展初期运营前安全评估时,试运行时间不少于(   )个月。

A. 1   B. 2   C. 3   D. 4

正确答案:C

【试题解析】

《城市轨道交通初期运营前安全评估技术规范 第1部分:地铁和轻轨》第三条对城市轨道交通工程开展初期运营前安全评估时,试运行时间进行了要求。

"第三条 ……试运行时间不少于3个月。……"

故本题选 C。

69.依据《城市轨道交通初期运营前安全评估技术规范 第1部分:城铁和轻轨》(交办运〔2019〕17号),城市轨道交通工程开展初期运营前安全评估时,试运行期间应按照开通运营时列车运行图连续组织行车( )日以上且关键指标符合相关规定。

A.10　　　　　B.20　　　　　C.30　　　　　D.40

正确答案:B

【试题解析】

《城市轨道交通初期运营前安全评估技术规范 第1部分:地铁和轻轨》第三条对城市轨道交通工程开展初期运营前安全评估时,试运行期间应按照开通运营时列车运行图连续组织行车时间进行了要求。

"第三条 ……按照开通运营时列车运行图连续组织行车20日以上……"

故本题选 B。

70.依据《城市轨道交通初期运营前安全评估技术规范 第1部分:地铁和轻轨》(交办运〔2019〕17号),城市轨道交通车站每个站厅公共区至少有( )个独立、直通地面的出入口具备使用条件。

A.1　　　　　B.2　　　　　C.3　　　　　D.4

正确答案:B

【试题解析】

《城市轨道交通初期运营前安全评估技术规范 第1部分:地铁和轻轨》第十五条对城市轨道交通车站每个站厅公共区独立、直通地面的出入口具备使用条件的数量进行了要求。

"第十五条 车站每个站厅公共区至少有2个独立、直通地面的出入口具备使用条件;……"

故本题选 B。

71.依据《城市轨道交通初期运营前安全评估技术规范 第1部分:地铁和轻轨》(交办运〔2019〕17号),当城市轨道交通高架区间上跨道路净空高度不大于( )m时,应具有限高标志和限界防护架。

A.3.5　　　　　B.4.5　　　　　C.4　　　　　D.5

正确答案:B

【试题解析】

《城市轨道交通初期运营前安全评估技术规范 第1部分:地铁和轻轨》第十五条对城

市轨道交通高架区间应具有限高标志和限界防护架的上跨道路净空高度进行了要求。

"第十五条 当高架区间上跨道路净空高度不大于 4.5m 时,应具有限高标志和限界防护架……"

故本题选 B。

72. 依据《城市轨道交通初期运营前安全评估技术规范 第 1 部分:地铁和轻轨》(交办运〔2019〕17 号),开展城市轨道交通初期运营前安全评估时,各列车运行里程均不少于( )列公里。

    A. 1000   B. 2000   C. 3000   D. 4000

正确答案:B

【试题解析】

《城市轨道交通初期运营前安全评估技术规范 第 1 部分:地铁和轻轨》第三十五条 对开展城市轨道交通初期运营前安全评估时,各列车运行里程进行了要求。

"第三十五条 各列车运行里程均不少于 2000 列公里。"

故本题选 B。

73. 依据《城市轨道交通初期运营前安全评估技术规范 第 1 部分:地铁和轻轨》(交办运〔2019〕17 号),城市轨道交通车辆基地应有不少于( )个具备使用条件并与外界道路相通的出入口。

    A. 1   B. 2   C. 3   D. 4

正确答案:B

【试题解析】

《城市轨道交通初期运营前安全评估技术规范 第 1 部分:地铁和轻轨》第六十九条对城市轨道交通车辆基地应具备使用条件并与外界道路相通的出入口数量进行了要求。

"第六十九条 车辆基地周界应有围蔽设施并满足封闭管理要求;车辆基地应有不少于两个具备使用条件并与外界道路相通的出入口。"

故本题选 B。

74. 依据《城市轨道交通初期运营前安全评估技术规范 第 1 部分:地铁和轻轨》(交办运〔2019〕17 号),城市轨道交通运营单位主要负责人和安全生产管理人员应按规定接受安全培训,初次安全培训时间不少于( )学时。

    A. 8   B. 16   C. 24   D. 32

正确答案:D

【试题解析】

《城市轨道交通初期运营前安全评估技术规范 第 1 部分:地铁和轻轨》第九十八条对城市轨道交通运营单位主要负责人和安全生产管理人员应按规定接受安全培训,初次安全培训时间进行了要求。

"第九十八条 运营单位主要负责人和安全生产管理人员应按规定接受安全培训,初次安全培训时间不少于 32 学时。……"

故本题选 D。

75. 依据《城市轨道交通初期运营前安全评估技术规范　第 1 部分:地铁和轻轨》(交办运〔2019〕17 号),车站出入口至站厅、站厅至站台应至少各有(　　)台电梯和(　　)组上、下行自动扶梯具备使用条件。

A. 1;1　　　　　B. 2;1　　　　　C. 1;2　　　　　D. 2;2

正确答案:A

【试题解析】

《城市轨道交通初期运营前安全评估技术规范　第 1 部分:地铁和轻轨》第十七条对车站出入口至站厅、站厅至站台电梯和扶梯具备使用条件数量进行了要求。

"第十七条　……车站出入口至站厅、站厅至站台应至少各有一台电梯和一组上、下行自动扶梯具备使用条件。"

故本题选 A。

76. 依据《城市轨道交通初期运营前安全评估技术规范　第 1 部分:地铁和轻轨》(交办运〔2019〕17 号),在经验丰富的列车驾驶员指导和监督下驾驶,驾驶里程不少于 5000km,其中在本线上的里程不少于(　　)km。

A. 200　　　　　B. 500　　　　　C. 1000　　　　　D. 1500

正确答案:C

【试题解析】

《城市轨道交通初期运营前安全评估技术规范　第 1 部分:地铁和轻轨》第九十九条对列车驾驶员在本线上的驾驶里程进行了要求。

"第九十九条　……在经验丰富的列车驾驶员指导和监督下驾驶,驾驶里程不少于 5000km,其中在本线上的里程不少于 1000km。"

故本题选 C。

77. 依据《城市轨道交通初期运营前安全评估技术规范　第 1 部分:地铁和轻轨》(交办运〔2019〕17 号),行车调度员、电力调度员和环控调度员,应在经验丰富的调度员指导和监督下进行操作,时间不少于(　　)个月。

A. 1　　　　　B. 2　　　　　C. 3　　　　　D. 6

正确答案:A

【试题解析】

《城市轨道交通初期运营前安全评估技术规范　第 1 部分:地铁和轻轨》第一百条对行车调度员、电力调度员和环控调度员,应在经验丰富的调度员指导和监督下进行操作的时间进行了要求。

"第一百条　……在经验丰富的调度员指导和监督下进行操作,时间不少于 1 个月。"

故本题选 A。

78.依据《城市轨道交通初期运营前安全评估技术规范 第1部分:地铁和轻轨》(交办运〔2019〕17号),行车值班员应接受不少于(   )学时的理论知识培训和不少于(   )个月的岗位技能培训。

A.100;1   B.100;半   C.150;半   D.150;1

正确答案:D

【试题解析】

《城市轨道交通初期运营前安全评估技术规范 第1部分:地铁和轻轨》第一百〇一条对行车值班员培训作出要求。

"第一百〇一条 ……(一)接受不少于150学时的理论知识培训和不少于1个月的岗位技能培训……"

故本题选D。

79.依据《城市轨道交通正式运营前安全评估规范 第1部分:地铁和轻轨》(交办运〔2019〕83号),城市轨道交通线路投入初期运营(   )内,应完成首次全面风险辨识。

A.3个月   B.6个月   C.1年   D.2年

正确答案:B

【试题解析】

《城市轨道交通正式运营前安全评估规范 第1部分:地铁和轻轨》第十一条对城市轨道交通线路应完成首次全面风险辨识的时间进行了规定。

"第十一条 ……线路投入初期运营6个月内应完成首次全面风险辨识,其后每年初开展一次全面风险辨识,并将《城市轨道交通运营安全风险分级管控和隐患排查治理管理办法》(交运规〔2019〕7号)规定的风险点和每次新辨识的风险点全部逐项定级,并纳入风险数据库。"

故本题选B。

80.依据《城市轨道交通正式运营前安全评估规范 第1部分:地铁和轻轨》(交办运〔2019〕83号),城市轨道交通客运组织方案及其实施情况原则上(   )评估一次,并针对评估中发现的问题进行整改、完善。

A.每半年   B.每月   C.每季度   D.每年

正确答案:D

【试题解析】

《城市轨道交通正式运营前安全评估规范 第1部分:地铁和轻轨》第二十五条对城市轨道交通客运组织方案及其实施情况原则评估频率进行了规定。

"第二十五条 ……(2)客运组织方案及其实施情况原则上每年评估一次,并针对评估中发现的问题进行整改、完善;……"

故本题选D。

81.依据《城市轨道交通正式运营前安全评估规范 第1部分:地铁和轻轨》(交办运

〔2019〕83 号),新增的城市轨道交通运营人员,应经岗位培训合格后持证上岗。转岗员工或脱岗(　　)个月以上的复岗员工,应通过相关再教育培训,经考核合格后方可上岗。

A. 12　　　　　　B. 3　　　　　　C. 1　　　　　　D. 6

正确答案:D

【试题解析】

《城市轨道交通正式运营前安全评估规范　第 1 部分:地铁和轻轨》第八十一条对脱岗后需复岗员工,应通过相关再教育培训,经考核合格后方可上岗的脱岗时间期限进行了规定。

"第八十一条　新增的运营人员,应经岗位培训合格后持证上岗。转岗员工或脱岗 6 个月以上的复岗员工,应通过相关再教育培训,经考核合格后方可上岗。……"

故本题选 D。

82. 依据《城市轨道交通正式运营前安全评估规范　第 1 部分:地铁和轻轨》(交办运〔2019〕83 号),城市轨道交通列车驾驶员、调度员、行车值班员从其他线路调入本线时,应经过本线路的学习考试,并在经验丰富的人员指导和监督下进行不少于(　　)天的现场业务操作。

A. 15　　　　　　B. 7　　　　　　C. 30　　　　　　D. 45

正确答案:A

【试题解析】

《城市轨道交通正式运营前安全评估规范　第 1 部分:地铁和轻轨》第八十一条对城市轨道交通列车驾驶员、调度员、行车值班员从其他线路调入本线时在经验丰富的人员指导和监督下进行现场业务操作时间进行了规定。

"第八十一条　列车驾驶员、调度员、行车值班员从其他线路调入本线时,应经过本线路的学习考试,并在经验丰富的人员指导和监督下进行不少于 15 天的现场业务操作。"

故本题选 A。

83. 依据《城市轨道交通正式运营前安全评估规范　第 1 部分:地铁和轻轨》(交办运〔2019〕83 号),城市轨道交通改变设施设备原设计结构、主要功能和架构、软件设计等应通过论证。新增的设施设备应通过(　　)并按规定进行维护管理,投用前应完成相关岗位从业人员(　　)培训。

A. 验收;安全生产知识和操作技能

B. 验收;安全生产知识

C. 审批;安全生产知识和操作技能

D. 审批;安全生产知识

正确答案:A

【试题解析】

《城市轨道交通正式运营前安全评估规范　第 1 部分:地铁和轻轨》第三十六条对新增

的设施设备的运营使用要求进行了规定。

"第三十六条 改变设施设备原设计结构、主要功能和架构、软件设计等应通过论证。新增的设施设备应通过验收并按规定进行维护管理,投用前应完成相关岗位从业人员安全生产知识和操作技能培训。"

故本题选 A。

84. 依据《城市轨道交通正式运营前安全评估规范 第 1 部分:地铁和轻机》(交办运〔2019〕83 号),城市轨道交通运营单位应急演练评估报告中涉及应急处置机制、作业标准、操作规程和管理规定等有关缺陷的,应在(   )个月内修订完善相关预案和制度。

  A.1   B.2   C.3   D.6

正确答案:C

【试题解析】

《城市轨道交通正式运营前安全评估规范 第 1 部分:地铁和轻轨》第八十六条对城市轨道交通运营单位应急演练评估报告中涉及应急处置机制、作业标准、操作规程和管理规定等有关缺陷的,应修订完善相关预案和制度的时间进行了规定。

"第八十六条 运营单位应按规定针对综合应急预案、专项应急预案、现场处置方案开展应急演练,……涉及应急处置机制、作业标准、操作规程和管理规定等有缺陷的,应在 3 个月内修订完善相关预案和制度。"

故本题选 C。

85. 依据《城市轨道交通正式运营前安全评估规范 第 1 部分:地铁和轻轨》(交办运〔2019〕83 号),城市轨道交通调度命令记录应至少保存(   )。

  A. 半年   B.1 年   C.2 年   D.3 年

正确答案:B

【试题解析】

《城市轨道交通正式运营前安全评估规范 第 1 部分:地铁和轻轨》第十六条对城市轨道交通调度命令记录保存时间进行了规定。

"第十六条 ……调度命令记录应至少保存 1 年。"

故本题选 B。

86. 依据《城市轨道交通正式运营前安全评估规范 第 1 部分:地铁和轻轨》(交办运〔2019〕83 号),针对超速运行可能导致城市轨道交通行车事故的风险,列车运行按照规定速度或限速命令行车,临时限速命令应由(   )发布和取消,不得擅自发布和取消。

  A. 值班主任   B. 行车调度员

  C. 车站值班员   D. 环控调度员

正确答案:B

【试题解析】

《城市轨道交通正式运营前安全评估规范 第 1 部分:地铁和轻轨》第十八条对针对超

速运行可能导致城市轨道交通行车事故的风险的处置进行了规定。

"第十八条 ……(1)针对超速运行可能导致行车事故的风险,列车运行按照规定速度或限速命令行车,临时限速命令应由行车调度员发布和取消,不得擅自发布和取消。……"

故本题选 B。

87.依据《城市轨道交通正式运营前安全评估规范 第 1 部分:地铁和轻轨》(交办运〔2019〕83 号),针对城市轨道交通调车作业防护距离不足可能导致形成事故的风险,在尽头线上进行调车作业时,距线路终端应有(   )m 的安全距离。

A.10   B.5   C.15   D.20

正确答案:A

【试题解析】

《城市轨道交通正式运营前安全评估规范 第 1 部分:地铁和轻轨》第二十一条针对城市轨道交通调车作业防护距离不足可能导致形成事故的风险,在尽头线上进行调车作业时的安全距离进行了规定。

"第二十一条 针对调车作业可能导致行车事故和人员伤亡的风险,……尽头线上调车时,距线路终端应有 10m 的安全距离。"

故本题选 A。

88.依据《城市轨道交通正式运营前安全评估规范 第 1 部分:地铁和轻轨》(交办运〔2019〕83 号),针对城市轨道交通排水设施阻塞可能导致风险,在相关岗位巡查和养护规程中制定的风险管控措施应对排水沟等设施进行巡查,及时发现淤积、堵塞、滞水等现象,巡查频率不低于(   ),汛期应提高防排水设施巡查频次。

A.2 次/月   B.3 次/月   C.1 次/周   D.1 次/月

正确答案:D

【试题解析】

《城市轨道交通正式运营前安全评估规范 第 1 部分:地铁和轻轨》第四十二条针对城市轨道交通排水设施阻塞可能导致风险,在相关岗位巡查和养护规程中制定的风险管控措施应对排水沟等设施进行巡查的频率进行了规定。

"第四十二条 隧道排水设施完好通畅,无垃圾淤积等堵塞排水沟的情况。……应对排水沟等设施进行巡查,及时发现淤积、堵塞、滞水等现象,巡查频率不低于 1 次/月,汛期应提高防排水设施巡查频次。……"

故本题选 D。

89.依据《城市轨道交通正式运营前安全评估规范 第 1 部分:地铁和轻轨》(交办运〔2019〕83 号),城市轨道交通行车调度应落实调度命令的发布、执行规定,调度命令的内容和传达应(   )。

A.准确、快速、简明   B.准确、简明、规范

C.准确、快速、规范   D.快速、简明、规范

正确答案:B

【试题解析】

《城市轨道交通正式运营前安全评估规范　第1部分:地铁和轻轨》第十六条对城市轨道交通行车调度应落实调度命令的发布、执行规定,调度命令的内容和传达要求进行了规定。

"第十六条　行车调度应落实调度命令的发布、执行规定,调度命令的内容和传达应准确、简明、规范。……"

故本题选 B。

90. 依据《城市轨道交通正式运营前安全评估规范　第1部分:地铁和轻轨》(交办运〔2019〕83号),城市轨道交通行车调度口头命令要素不包含下列哪项内容?(　　)

　　A.命令号码　　　　B.命令内容　　　　C.时间　　　　D.受令人

正确答案:C

【试题解析】

《城市轨道交通正式运营前安全评估规范　第1部分:地铁和轻轨》第十六条对城市轨道交通行车调度口头命令要素包含内容进行了规定。

"第十六条　行车调度命令只能由行车调度人员发布,行车相关岗位人员必须严格执行调度命令。……口头命令要素应包含命令号码、命令内容、受令人。……"

故本题选 C。

91. 依据《城市轨道交通正式运营前安全评估规范　第1部分:地铁和轻轨》(交办运〔2019〕83号),正式运营前安全评估的前提条件包括开展正式运营前安全评估的前(　　),未发生列车脱轨、列车冲突、列车撞击、桥隧结构坍塌,人员死亡、连续中断行车2h(含)以上等运营险性事件。

　　A.3个月　　　　　B.6个月　　　　　C.1年内　　　　D.18个月

正确答案:C

【试题解析】

《城市轨道交通正式运营前安全评估规范　第1部分:地铁和轻轨》第五条对正式运营前安全评估的前提条件进行了要求。

"第五条　正式运营前安全评估开展前1年内,未发生列车脱轨、列车冲突、列车撞击、桥隧结构坍塌,人员死亡、连续中断行车2h(含)以上等运营险性事件。"

故本题选 C。

92. 依据《城市轨道交通正式运营前安全评估规范　第1部分:地铁和轻轨》(交办运〔2019〕83号),针对越过防护信号机禁止信号行车可能导致行车事故的风险,行车调度员应确认该信号机后方线路空闲、道岔位置正确且锁闭,并凭调度命令越过,首列列车限速(　　)km/h运行。

　　A.15　　　　　　B.20　　　　　　C.25　　　　　　D.30

正确答案:C

【试题解析】

《城市轨道交通正式运营前安全评估规范　第1部分:地铁和轻轨》第十八条对针对越过防护信号机禁止信号行车可能导致行车事故的风险,首列列车限速进行了要求。

"第十八条　针对越过防护信号机禁止信号行车可能导致行车事故的风险,行车调度员应确认该信号机后方线路空闲、道岔位置正确且锁闭,并凭调度命令越过,首列列车限速25km/h运行。……"

故本题选C。

93.依据《城市轨道交通正式运营前安全评估规范　第1部分:地铁和轻轨》(交办运〔2019〕83号),救援列车接近故障列车时应停车,与故障列车联系确认后进行连挂,连挂时运行速度不应超过( )km/h。

　　A.5　　　　　　　B.10　　　　　　　C.15　　　　　　　D.20

正确答案:A

【试题解析】

《城市轨道交通正式运营前安全评估规范　第1部分:地铁和轻轨》第十八条对救援列车连挂时运行速度进行了要求。

"第十八条　救援列车接近故障列车时应停车,与故障列车联系确认后进行连挂,连挂时运行速度不应超过5km/h。……"

故本题选A。

94.依据《城市轨道交通正式运营前安全评估规范　第1部分:地铁和轻轨》(交办运〔2019〕83号),非随车施工人员与工程车确需在同区间作业的,应统一进行现场施工及动车指挥,施工人员应在工程车运行方向后方作业,至少保持( )m以上的安全距离,并设置红闪灯等进行安全防护。

　　A.15　　　　　　　B.25　　　　　　　C.35　　　　　　　D.50

正确答案:D

【试题解析】

《城市轨道交通正式运营前安全评估规范　第1部分:地铁和轻轨》第二十四条对非随车施工人员与工程车确需在同区间作业进行了要求。

"第二十四条　非随车施工人员与工程车确需在同区间作业的,应统一进行现场施工及动车指挥,施工人员应在工程车运行方向后方作业,至少保持50m以上的安全距离,并设置红闪灯等进行安全防护。……"

故本题选D。

95.依据《城市轨道交通运营期间安全评估规范》(交办运〔2019〕84号),城市轨道交通线网应急应具备"站点—区域—基地"三级应急点结构,其中应急基地的处置能力原则上应具备救援人员( )min内到达事故现场的响应速度。

A.30   B.20   C.25   D.10

正确答案：**A**

【试题解析】

《城市轨道交通运营期间安全评估规范》第八条第二款对应急基地的处置能力进行了要求，即：

"第八条 ……（二）应急基地的处置能力原则上应具备救援人员30min内到达事故现场的响应速度。……"

故本题选A。

96.依据《城市轨道交通运营期间安全评估规范》（交办运〔2019〕84号），城市轨道交通区域应急中心的处置能力应至少覆盖（ ）km半径范围内的线网，实现救援人员（ ）min内到达事故现场的响应速度，各区域应急中心的处置能力应能覆盖整个线网。

A.3;20   B.5;20   C.5;30   D.10;60

正确答案：**B**

【试题解析】

《城市轨道交通运营期间安全评估规范》第八条第二款对城市轨道交通区域应急中心的处置能力进行了要求，即：

"第八条 ……（二）区域应急中心的处置能力应至少覆盖5km半径范围内的线网，实现救援人员20min内到达事故现场的响应速度，各区域应急中心的处置能力应能覆盖整个线网。……"

故本题选B。

97.根据《城市轨道交通信号系统运行技术规范（试行）》，城市轨道交通信号系统应具备故障分级报警功能，报警等级按照对列车运行影响程度从高到低分为四级，以下属于一级报警的是（ ）。

     A.ATP和CI子系统功能失效、道岔失表、车地通信中断、ATS中央服务器功能失效等涉及行车安全或直接影响行车的报警

     B.ATP、ATS、CI子系统冗余失效，ATS子系统与外部系统接口故障、通信单网、电源单路等可能影响行车的报警

     C.发车指示器故障

     D.维护监测设备故障

正确答案：**A**

【试题解析】

《城市轨道交通信号系统运营技术规范（试行）》中3.10对城市轨道交通信号系统应具备故障分级报警功能进行了要求。

"3.10 ……一级报警是指ATP和CI子系统功能失效、道岔失表、车地通信中断、ATS中央服务器功能失效等涉及行车安全或直接影响行车的报警，并具有声音提示；……"

故本题选 A。

98.根据《城市轨道交通信号系统运行技术规范(试行)》,城市轨道交通车载信号人机界面如下图所示,图中蓝色方框中代表的是什么内容?(　　)

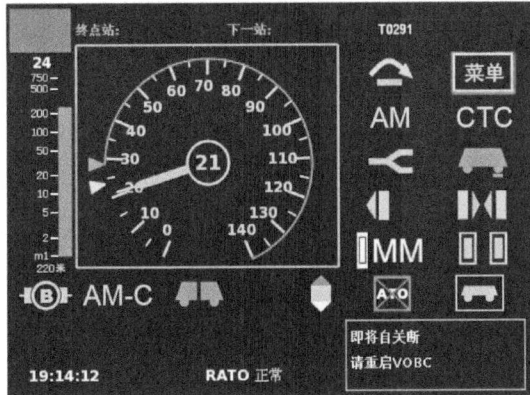

A.终点站显示　　　　　　　　　　B.速度表盘

C.目标速度及目标距离信息　　　　D.超速报警及输出紧急制动显示

正确答案:B

【试题解析】

《城市轨道交通信号系统运营技术规范(试行)》附录 A.1 中表 1 对城市轨道交通车载信号人机界面作出了定义。

表1

1 区 超速报警及输出紧急 制动显示	8 区 终点站显示	9 区 下一站显示	10 区 车次号显示	
2 区 目标速度及目标 距离信息显示	3 区 速度表盘		11 区 跳停、扣车显示	12 区 菜单按钮显示
			13 区 当前驾驶模式显示	14 区 当前运行控制 级别显示
			15 折返状态显示	16 区 列车进入停车 精度范围显示
			17 区 门状态 及门允许命令显示	18 区 发车信息显示
			19 区 车门控制模式显示	20 区 车轮空转 或打滑状态 及站台门状态显示

续上表

4 区 索引制动状态显示	5 区 最高预设驾驶 模式显示	6 区 列车完整性 显示	7 区 列车头尾信号 设备状态显示	21 区 设备故障状态显示	22 区 车辆基地 转换区显示
23 区 时间显示	24 区 自定义显示		25 区 自定义显示		

故本题选 B。

99.根据《城市轨道交通信号系统运行技术规范(试行)》,以下哪项不是信号系统计算机联锁子系统的主要功能?(　　)

　　A.列车定位和测速

　　B.进路办理、锁闭与解锁控制

　　C.道岔控制

　　D.信号机开放与关闭控制

正确答案:A

【试题解析】

《城市轨道交通信号系统运营技术规范(试行)》中 7.1 对信号系统计算机联锁子系统的主要功能作出了要求。

"7.1　CI 子系统应实现下列主要功能:

"(1)进路办理、锁闭与解锁控制;

"(2)道岔控制;

"(3)信号机开放与关闭控制;

"(4)站台紧急关闭实施与取消;

"(5)站台门控制。"

故本题选 A。

100.根据《城市轨道交通信号系统运行技术规范(试行)》,当列车以 AM 模式运行时,当车载信号人机界面出现以下哪个图标时表示制动状态?(　　)

A. 　　B.

C. 　　D.

正确答案:D

【试题解析】

《城市轨道交通信号系统运营技术规范(试行)》附件 A.2.4 中表 3 对当列车以 AM 模式运行时,车载信号人机界面作出了定义。

牵引制动状态显示定义　　　　　　　　　　　　　　　　表3

序　号	图　标	含　义
1		初始状态
2		索引状态
3		惰行状态
4		制动状态

故本题选 D。

101.根据《城市轨道交通信号系统运行技术规范(试行)》,在 CBTC 模式下,信号系统 ATS 子系统正线信号机的显示状态为 ,其表示的含义为(　　)。

　　A.进路开通直向,准许列车按规定的速度越过该信号机

　　B.进路开通侧向,准许列车按规定的速度越过该信号机

　　C.不准列车越过该信号机

　　D.信号机已封锁,以该信号机为始端或终端的进路不能办理

正确答案:C

【试题解析】

《城市轨道交通信号系统运营技术规范(试行)》附件 B.2.2 中表1对信号机的显示状态和显示位置作出了要求。

正线信号机显示定义　　　　　　　　　　　　　　　　表1

信号机显示状态		灯 位 显 示		含　义
CBTC 模式	CBTC 模式	灯位1	灯位2	
		稳定红色	—	不准列车越过该信号机

……"

故本题选 C。

102.根据《城市轨道交通信号系统运行技术规范(试行)》,信号系统 ATS 子系统道岔图标显示为 (岔心和名称红色闪烁),其含义为(　　)。

　　A.道岔挤岔　　　　　　　　　　　　B.道岔转动未到位

　　C.道岔定位单锁　　　　　　　　　　D.道岔反位单锁

正确答案:A

【试题解析】

《城市轨道交通信号系统运营技术规范(试行)》附件 B.2.4 中表 4 对信号系统 ATS 子系统道岔图标显示作出了定义。

"附件 ……B.2.4 道岔图标显示及含义如表 4 所示。"

道岔图标显示及含义 表4

图 标	说 明	含 义
	岔心和名称红色闪烁	道岔挤岔
	岔心以站场底色显示	道岔转动未到位
	绿色圆圈位于定位岔心	道岔定位单锁
	黄色圆圈位于反位岔心	道岔反位单锁
	道岔名称绿色	道岔定位
	道岔名称黄色	道岔反位
	道岔名称加红色边框	道岔封锁

故本题选 A。

103. 根据《城市轨道交通信号系统运行技术规范(试行)》,正线道岔防护信号机、出站兼道岔防护信号机采用黄、绿、红三灯位信号机构,黄色灯光的显示含义为( )。

    A. 表示进路开通直向,准许列车按规定的速度越过该信号机

    B. 表示进路开通侧向,准许列车按规定的速度越过该信号机

    C. 不准列车越过该信号机

    D. 表示开放引导信号,准许列车以不大于规定速度越过该信号机并须准备随时停车

正确答案:B

【试题解析】

《城市轨道交通信号系统运营技术规范(试行)》附件 C.1 对正线道岔防护信号机、出站兼道岔防护信号机色灯含义进行了定义。

"附件 C.1 ……黄色灯光—表示进路开通侧向,准许列车按规定的速度越过该信号机;……"

故本题选 B。

104. 根据《城市轨道交通自动售检票系统运营技术规范(试行)》,城市轨道交通清分子系统、互联网票务平台不应低于网络安全等级保护( )要求。

　　A. 一级　　　　　　B. 二级　　　　　　C. 三级　　　　　　D. 四级

正确答案:C

【试题解析】

《城市轨道交通自动售检票系统运营技术规范(试行)》第 6.1 条对城市轨道交通清分子系统、互联网票务平台网络安全等级保护作出了要求。

"6.1　清分子系统、互联网票务平台不应低于网络安全等级保护三级要求……"

故本题选 C。

105. 根据《城市轨道交通自动售检票系统运营技术规范(试行)》,城市轨道交通自动售检票系统采用监视网络设备、链路、接口流量、带宽、时延等运行状态信息,信息存储时间不少于( )个月。

　　A. 1　　　　　　　　B. 3　　　　　　　　C. 6　　　　　　　　D. 12

正确答案:C

【试题解析】

《城市轨道交通自动售检票系统运营技术规范(试行)》第 6.5 条对信息存储时间作出了要求。

"6.5　……信息存储时间不少于 6 个月。"

故本题选 C。

106. 根据《城市轨道交通自动售检票系统运营技术规范(试行)》,城市轨道交通每个自动售检票群组应至少设置( )台双向宽通道自动检票机,宽通道自动检票机通道净距宜为( )mm。

　　A. 1;900　　　　　B. 1;1000　　　　C. 2;900　　　　　D. 2;1000

正确答案:A

【试题解析】

《城市轨道交通自动售检票系统运营技术规范(试行)》中 7.2 对城市轨道交通每个自动售检票群组设置作出要求。

"7.2　……每个自动检票机群组应至少设置 1 台双向宽通道自动检票机,宽通道自动检票机通道净距宜为 900mm。"

故本题选 A。

107. 根据《城市轨道交通运营应急能力建设基本要求》,以下哪一项不属于城市轨道交通运营单位风险监测的主要内容?( )

　　A. 列车运行监测　　　　　　　　　　B. 供电系统运行监测

　　C. 站车环境监测　　　　　　　　　　D. 乘客行为监测

正确答案:D

【试题解析】

《城市轨道交通运营应急能力建设基本要求》(JT/T 1409—2022)中 6.2 对城市轨道交通运营单位风险监测的主要内容作出要求。

"6.2 运营单位风险监测的内容应包括列车运行监测、供电系统运行监测、站车环境监测、线路状态监测、建筑设施监测、火灾风险监测、客流监测、保护区监测等。监测内容未包含乘客行为监测。"

故本题选 D。

108.根据《城市轨道交通运营应急能力建设基本要求》,城市轨道交通专职应急救援队员每人每周参加业务技能训练不少于( )学时,兼职应急救援队员每人每月参加安全应急相关培训不少于( )学时。

    A.12;1   B.24;2   C.24;1   D.36;4

正确答案:B

【试题解析】

《城市轨道交通运营应急能力建设基本要求》(JT/T 1409—2022)中 8.2.2 对城市轨道交通专职应急救援队员和兼职应急救援队员参加训练及培训作出要求。

"8.2.2 ……城市轨道交通专职应急救援队员每人每周参加业务技能训练不少于24学时,兼职应急救援队员每人每月参加安全应急相关培训不少于2学时。"

故本题选 B。

109.根据《城市轨道交通运营应急能力建设基本要求》,城市轨道交通运营单位应采用应急演练、技术比武等方式对员工的应急能力进行强化训练,频率不应低于( )。运营单位应采用抽测考试、第三方评估等形式对员工的应急能力进行考核,频率不应低于( )。

    A.每季度 1 次;每年 1 次   B.每季度 1 次;每年 2 次

    C.每半年 1 次;每年 1 次   D.每半年 1 次;每年 2 次

正确答案:A

【试题解析】

《城市轨道交通运营应急能力建设基本要求》(JT/T 1409—2022)中 8.2.6 对城市轨道交通运营单位对员工应急能力强化训练和应急能力考核作出了规定。

"8.2.6 城市轨道交通运营单位应采用应急演练、技术比武等方式对员工的应急能力进行强化训练,频率不应低于每季度 1 次。运营单位应采用抽测考试、第三方评估等形式对员工的应急能力进行考核,频率不应低于每年 1 次。"

故本题选 A。

110.依据《生产安全事故应急条例》(中华人民共和国国务院令 第 708 号),城市轨道交通运营单位应当至少( )组织 1 次生产安全事故应急救援预案演练,并将演练情况报送所在地县级以上地方人民政府负有安全生产监督管理职责的部门。

A. 每季度　　　　B. 每半年　　　　C. 每年　　　　D. 每两年

正确答案:B

【试题解析】

《生产安全事故应急条例》第八条对城市轨道交通运营单位组织生产安全事故应急救援预案演练作出了要求。

"第八条　……易燃易爆物品、危险化学品等危险物品的生产、经营、储存、运输单位,矿山、金属冶炼、城市轨道交通运营、建筑施工单位,以及宾馆、商场、娱乐场所、旅游景区等人员密集场所经营单位,应当至少每半年组织1次生产安全事故应急救援预案演练,并将演练情况报送所在地县级以上地方人民政府负有安全生产监督管理职责的部门。"

故本题选 B。

二、多选题

111. 依据《国务院办公厅关于保障城市轨道交通安全运行的意见》(国办发〔2018〕13号),城市轨道交通规划涉及公共安全方面的设施设备和场地、用房等,要与城市轨道交通工程(　　)。

A. 同步规划　　　B. 同步设计　　　C. 同步施工

D. 同步验收　　　E. 同步投入使用

正确答案:ABCDE

【试题解析】

《国务院办公厅关于保障城市轨道交通安全运行的意见》第三条第六款对城市轨道交通涉及公共安全的设施设备等规划进行了详细规定。

"(六)城市轨道交通规划涉及公共安全方面的设施设备和场地、用房等,要与城市轨道交通工程同步规划、同步设计、同步施工、同步验收、同步投入使用,并加强运行维护管理……"

故本题选 ABCDE。

112. 依据《国家城市轨道交通运营突发事件应急预案》(国办函〔2015〕32号),运营单位应当建立健全城市轨道交通运营监测体系,根据运营突发事件的特点和规律,加大对(　　)等的监测力度。

A. 线路、轨道、结构工程　　　　B. 车辆、供电、通信、信号

C. 客流情况　　　　D. 特种设备

E. 应急照明

正确答案:ABCDE

【试题解析】

《国家城市轨道交通运营突发事件应急预案》中 3.1 对城市轨道交通运营监测作出了具体规定。

"3.1　运营单位应当建立健全城市轨道交通运营监测体系,根据运营突发事件的特点

和规律,加大对线路、轨道、结构工程、车辆、供电、通信、信号、消防、特种设备、应急照明等设施设备和环境状态以及客流情况等的监测力度,定期排查安全隐患,开展风险评估,健全风险防控措施。……"

故本题选 ABCDE。

113.依据《国家城市轨道交通运营突发事件应急预案》(国办函〔2015〕32 号),对于突发大客流预警,运营单位可以采取的措施包括(　　　)。

A.及时调整运营组织方案

B.加强客流情况监测

C.在重点车站增派人员加强值守

D.视情采取限流、封站等控制措施

E.加强对设备间的检查巡视

正确答案:ABCD

【试题解析】

《国家城市轨道交通运营突发事件应急预案》中 3.2.2 对城市轨道交通突发大客流预警可采取的措施作出了规定。

"3.2.2　……对于突发大客流预警,要及时调整运营组织方案,加强客流情况监测,在重点车站增派人员加强值守,做好客流疏导,视情采取限流、封站等控制措施,必要时申请启动地面公共交通接驳疏运……"

条款中未规定要加强对设备间的检查巡视,E 错误,故本题选 ABCD。

114.依据《国务院办公厅关于印发国家城市轨道交通运营突发事件应急预案的通知》(国办函〔2015〕32 号),城市轨道交通运营单位接到暴雨等自然灾害预警时,要加强对(　　　)等重点区域的检查巡视,加强对重点设施设备的巡检紧固和对重点区段设施设备的值守监测,做好相关设施设备停用和相关线路列车限速、停运准备。

A.地面线路　　　　　　　　　B.设备间

C.车站出入口　　　　　　　　D.应急值班室

E.地下线路

正确答案:ABC

【试题解析】

《国家城市轨道交通运营突发事件应急预案》对城市轨道交通自然灾害预警时可采取的措施作出了规定,对应的条款如下:

"3.2.2　……对于自然灾害预警,要加强对地面线路、设备间、车站出入口等重点区域的检查巡视,加强对重点设施设备的巡检紧固和对重点区段设施设备的值守监测,做好相关设施设备停用和相关线路列车限速、停运准备……"

条款中的重点巡视区域不包含应急值班室和地下线路,D、E 错误,故本题选 ABC。

115.依据《城市轨道交通运营管理规定》(中华人民共和国交通运输部令 2018 年第 8

号),城市轨道交通工程项目运营服务专篇的内容应至少包含(　　　)。

  A.车站开通运营的出入口数量、站台面积、通道宽度、换乘条件、站厅容纳能力等设施、设备能力与服务需求和安全要求的符合情况

  B.车辆、通信、信号、供电、自动售检票等设施设备选型与线网中其他线路设施设备的兼容情况

  C.安全应急设施规划布局、规模等与运营安全的适应性,与主体工程的同步规划和设计情况

  D.与城市轨道交通线网运力衔接配套情况

  E.无障碍环境建设情况

正确答案:ABCDE

【试题解析】

《城市轨道交通运营管理规定》涉及运营服务专篇的有如下规定:

"第六条　城市轨道交通工程项目可行性研究报告和初步设计文件中应当设置运营服务专篇,内容应当至少包括:

"(一)车站开通运营的出入口数量、站台面积、通道宽度、换乘条件、站厅容纳能力等设施、设备能力与服务需求和安全要求的符合情况;

"(二)车辆、通信、信号、供电、自动售检票等设施设备选型与线网中其他线路设施设备的兼容情况;

"(三)安全应急设施规划布局、规模等与运营安全的适应性,与主体工程的同步规划和设计情况;

"(四)与城市轨道交通线网运力衔接配套情况;

"……

"(六)无障碍环境建设情况。"

故本题选ABCDE。

116.依据《城市轨道交通运营管理规定》(中华人民共和国交通运输部令2018年第8号),城市轨道交通(　　　)等设施设备和综合监控系统应当符合国家规定的运营准入技术条件,并实现系统互联互通、兼容共享,满足网络化需要。

  A.车辆　　　　　B.通信　　　　　C.信号

  D.供电　　　　　E.自动售检票

正确答案:ABCDE

【试题解析】

《城市轨道交通运营管理规定》对城市轨道交通设施设备等于运营准入技术条件的关系作出了规定。

"第七条　城市轨道交通车辆、通信、信号、供电、机电、自动售检票、站台门等设施设备和综合监控系统应当符合国家规定的运营准入技术条件,并实现系统互联互通、兼容共享,

满足网络化运营需要。"

故本题选 ABCDE。

117.依据《城市轨道交通运营管理规定》(中华人民共和国交通运输部令 2018 年第 8 号),城市轨道交通运营单位应当对( )进行安全背景审查。

    A.列车驾驶员   B.行车调度员   C.行车值班员

    D.信号工   E.通信工

正确答案:ABCDE

【试题解析】

《城市轨道交通运营管理规定》对城市轨道交通从业人员背景审查作出了规定。

"第十三条 运营单位应当配置满足运营需求的从业人员,按相关标准进行安全和技能培训教育,并对城市轨道交通列车驾驶员、行车调度员、行车值班员、信号工、通信工等重点岗位人员进行考核,考核不合格的,不得从事岗位工作……"

故本题选 ABCDE。

118.依据《城市轨道交通运营管理规定》(中华人民共和国交通运输部令 2018 年第 8 号),在城市轨道交通保护区内进行以下哪类作业的,作业单位应当按照有关规定制定安全防护方案,经运营单位同意后,依法办理相关手续并对作业影响区域进行动态监测( )。

    A.新建、改建、扩建或者拆除建(构)筑物

    B.挖掘、爆破、地基加固、打井、基坑施工、桩基础施工、钻探、灌浆、喷锚、地下顶进作业

    C.敷设或者搭架管线、吊装等架空作业

    D.取土、采石、采砂、疏浚河道

    E.大面积增加或者减少建(构)筑物载荷的活动

正确答案:ABCDE

【试题解析】

《城市轨道交通运营管理规定》对城市轨道交通保护区内作业作出了规定。

"第三十条 在城市轨道交通保护区内进行下列作业的,作业单位应当按照有关规定制定安全防护方案,经运营单位同意后,依法办理相关手续并对作业影响区域进行动态监测:

"(一)新建、改建、扩建或者拆除建(构)筑物;

"(二)挖掘、爆破、地基加固、打井、基坑施工、桩基础施工、钻探、灌浆、喷锚、地下顶进作业;

"(三)敷设或者搭架管线、吊装等架空作业;

"(四)取土、采石、采砂、疏浚河道;

"(五)大面积增加或者减少建(构)筑物载荷的活动。"

故本题选 ABCDE。

119.依据《城市轨道交通运营管理规定》(中华人民共和国交通运输部令 2018 年第 8

号),城市轨道交通运营主管部门在城市轨道交通工程项目可行性研究报告和初步设计文件编制审批征求意见阶段,应当对(　　)等提出意见。

A.客流预测
B.系统设计运输能力

C.行车组织
D.运营服务

E.运营安全

正确答案:ABCDE

【试题解析】

《城市轨道交通运营管理规定》对城市轨道交通可行性研究报告和初步设计文件编制审批征求意见涉及的内容作出了规定。

"第五条　城市轨道交通运营主管部门在城市轨道交通工程项目可行性研究报告和初步设计文件编制审批征求意见阶段,应当对客流预测、系统设计运输能力、行车组织、运营管理、运营服务、运营安全等提出意见。"

故本题选 ABCDE。

120.下列哪些条件是《城市轨道交通运营管理规定》(中华人民共和国交通运输部令 2018 年第 8 号)规定的城市轨道交通运营单位应当满足的条件?(　　　)

A.具有企业法人资格

B.经营范围包括城市轨道交通运营管理

C.具有健全的行车管理、客运管理、设施设备管理、人员管理等安全生产管理体系和服务质量保障制度

D.具有车辆、通信、信号、供电、机电、轨道、土建结构、运营管理等专业管理人员,以及与运营安全相适应的专业技术人员

E.无违反法律法规的相关记录

正确答案:ABCD

【试题解析】

《城市轨道交通运营管理规定》对城市轨道交通运营单位应当满足的条件作出了规定:

"第八条　城市轨道交通工程项目原则上应当在可行性研究报告编制前,按照有关规定选择确定运营单位。运营单位应当满足以下条件:

"(一)具有企业法人资格,经营范围包括城市轨道交通运营管理;

"(二)具有健全的行车管理、客运管理、设施设备管理、人员管理等安全生产管理体系和服务质量保障制度;

"(三)具有车辆、通信、信号、供电、机电、轨道、土建结构、运营管理等专业管理人员,以及与运营安全相适应的专业技术人员。"

条款中未涉及违反法律法规的要求,E 错误。

故本题选 ABCD。

121.依据《城市轨道交通运营管理规定》(中华人民共和国交通运输部令 2018 年第 8

号),城市轨道交通运营单位应当建立健全本单位的设施设备(　　)制度和技术管理体系。

A.定期检查　　　　B.采购使用　　　　C.养护维修

D.检测评估　　　　E.更新改造

正确答案:ACDE

【试题解析】

《城市轨道交通运营管理规定》对城市轨道交通运营单位应当建立健全的制度作出了规定。

"第十五条　运营单位应当建立健全本单位的城市轨道交通运营设施设备定期检查、检测评估、养护维修、更新改造制度和技术管理体系,并报城市轨道交通运营主管部门备案。"

文件没有涉及采购使用制度,B错误,故本题选ACDE。

122.依据《城市轨道交通运营管理规定》(中华人民共和国交通运输部令2018年第8号),城市轨道交通运营单位应当按照有关规定,完善风险分级管控和隐患排查治理双重预防制度,建立(　　),对于可能影响安全运营的风险隐患及时整改,并向城市轨道交通运营主管部门报告。

A.综合应急预案　　　　　　　　B.风险数据库

C.隐患排查手册　　　　　　　　D.应急值守制度

E.现场处置方案

正确答案:BC

【试题解析】

《城市轨道交通运营管理规定》对城市轨道交通"双控"制度作出了规定。

"第十四条　运营单位应当按照有关规定,完善风险分级管控和隐患排查治理双重预防制度,建立风险数据库和隐患排查手册,对于可能影响安全运营的风险隐患及时整改,并向城市轨道交通运营主管部门报告……"

综合应急预案、应急值守制度和现场处置方案是应急管理的内容,与本题双重预防的制度无关,ADE错误,故本题选BC。

123.依据《城市轨道交通运营管理规定》(中华人民共和国交通运输部令2018年第8号),城市轨道交通运营单位应当在城市轨道交通(　　)等区域的醒目位置设置安全警示标志,按照规定在车站、车辆配备灭火自、报警装置和必要的救生器材,并确保能够正常使用。

A.车站　　　　B.车辆　　　　C.地面

D.高架线路　　　　E.广告栏

正确答案:ABCD

【试题解析】

《城市轨道交通运营管理规定》对城市轨道交通安全警示标志设置作出了规定。

"第四十三条　运营单位应当在城市轨道交通车站、车辆、地面和高架线路等区域的醒目位置设置安全警示标志,按照规定在车站、车辆配备灭火器、报警装置和必要的救生器材,并确保能够正常使用。"

文件并未涉及广告栏区域,E 错误,故本题选 ABCD。

124. 依据《城市轨道交通运营管理规定》(中华人民共和国交通运输部令 2018 年第 8 号),运营单位有以下哪些行为的,由城市轨道交通运营主管部门责令限期改正;逾期未改正的,处以 5000 元以上 3 万元以下的罚款,并可对其主要负责人处以 1 万元以下的罚款? (　　)

　　A. 列车驾驶员未按照法律法规的规定取得职业准入资格

　　B. 未全程参与试运行

　　C. 未建立风险数据库和隐患排查手册

　　D. 未按照有关规定建立运营突发事件应急预案体系

　　E. 未按时组织运营突发事件应急演练

正确答案:ABCDE

【试题解析】

《城市轨道交通运营管理规定》对违反相关规定的处罚作出了规定。

"第四十九条　违反本规定,运营单位有下列行为之一的,由城市轨道交通运营主管部门责令限期改正;逾期未改正的,处以 5000 元以上 3 万元以下的罚款,并可对其主要负责人处以 1 万元以下的罚款:

"(一)未全程参与试运行;

"……

"(三)列车驾驶员未按照法律法规的规定取得职业准入资格;

"……

"(六)未建立风险数据库和隐患排查手册;

"……

"(十)未按照有关规定建立运营突发事件应急预案体系;

"……

"(十二)未按时组织运营突发事件应急演练。"

故本题选 ABCDE。

125. 依据《城市轨道交通运营安全风险分级管控和隐患排查治理管理办法》(交运规〔2019〕7 号),城市轨道交通运营单位应建立隐患排查治理工作台账,记录隐患排查治理情况,内容至少包括(　　)。

　　A. 排查人员　　　　B. 隐患等级　　　　C. 责任人

　　D. 治理结果　　　　E 治理期限

正确答案:ABCDE

【试题解析】

《城市轨道交通运营管理规定》对违反相关规定的处罚作出了规定,对应的条款如下。

"第四十九条　违反本规定,运营单位有下列行为之一的,由城市轨道交通运营主管部

门责令限期改正;逾期未改正的,处以 5000 元以上 3 万元以下的罚款,并可对其主要负责人处以 1 万元以下的罚款;

"……

"(二)未全程参与试运行;

"(三)列车驾驶员未按照法律法规的规定取得职业准入资格;

"……

"(六)未建立风险数据库和隐患排查手册;

"……

"(十)未按照有关规定建立运营突发事件应急预案体系;

"……

"(十二)未按时组织运营突发事件应急演练。"

故本题选 ABCDE。

126. 依据《城市轨道交通运营安全风险分级管控和隐患排查治理管理办法》(交运规〔2019〕7 号),城市轨道交通重大隐患是指可能直接导致安全生产事故或(   )等运营险性事件发生的隐患。

　　A. 列车冲突　　　　B. 列车撞击　　　　C. 列车挤岔

　　D. 火灾　　　　　　E. 列车晚点

正确答案:ABCD

【试题解析】

《城市轨道交通运营安全风险分级管控和隐患排查治理管理办法》对城市轨道交通重大隐患作出了定义,对应的条款如下。

"第四十九条 ……重大隐患是指可能直接导致安全生产事故或列车脱轨、列车冲突、列车撞击、列车挤岔、火灾、桥隧结构坍塌、车站和轨行区淹水倒灌、大面积停电、客流踩踏等运营险性事件发生的隐患,一般具有危害和治理难度大、易造成全线/区段停运或封闭车站、关键设施设备长时间停止运行、需要较长时间治理方能排除、本单位自身难以排除等特点……"

文件中重大隐患不包含列车晚点,E 错误,故本题选 ABCD。

127. 依据《城市轨道交通运营安全风险分级管控和隐患排查治理管理办法》(交运规〔2019〕7 号),基于城市轨道交通技术特点和行业经验,运营安全风险按照业务板块分为(   )等。

　　A. 设备运行维修　　　　　　　　B. 设施监测养护

　　C. 行车组织　　　　　　　　　　D. 客运组织

　　E. 运行环境

正确答案:ABCDE

【试题解析】

《城市轨道交通运营安全风险分级管控和隐患排查治理管理办法》对运营安全风险分类作出了规定,对应的条款如下。

"第八条 基于城市轨道交通技术特点和行业经验,运营安全风险按照业务板块分为设施监测养护、设备运行维修、行车组织、客运组织、运行环境等。……"

故本题选 ABCDE。

128.依据《城市轨道交通运营安全风险分级管控和隐患排查治理管理办法》(交运规〔2019〕7 号),风险数据库中的风险管控措施应符合(   )等有关规定。

    A.设施设备运行维护   B.行车组织管理

    C.客运组织管理   D.从业人员管理

    E.保护区管理

正确答案:ABCDE

【试题解析】

《城市轨道交通运营安全风险分级管控和隐患排查治理管理办法》对风险管控措施作出了规定,对应的条款如下。

"第八条 ……风险数据库中的风险管控措施应符合设施设备运行维护、行车组织管理、客运组织管理、从业人员管理、保护区管理等有关规定,并及时纳入本单位相关管理制度、作业标准或应急预案。"

故本题选 ABCDE。

129.依据《城市轨道交通运营安全风险分级管控和隐患排查治理管理办法》(交运规〔2019〕7 号),重大隐患一般具有(   )等特点。

    A.危害和治理难度大

    B.易造成全线或区段停运、封闭车站

    C.关键设施设备长时间停止运行

    D.需要较长时间治理方能排除

    E.本单位自身难以排除

正确答案:ABCDE

【试题解析】

《城市轨道交通运营安全风险分级管控和隐患排查治理管理办法》对重大隐患特点作出了规定,对应的条款如下:

"第十二条 ……重大隐患是指可能直接导致安全生产事故或列车脱轨、列车冲突、列车撞击、列车挤岔、火灾、桥隧结构坍塌、车站和轨行区淹水倒灌、大面积停电、客流踩踏等运营险性事件发生的隐患,一般具有危害和治理难度大、易造成全线/区段停运或封闭车站、关键设施设备长时间停止运行、需要较长时间治理方能排除、本单位自身难以排除等特点。"

故本题选 ABCDE。

130.依据《城市轨道交通运营安全风险分级管控和隐患排查治理管理办法》(交运规〔2019〕7 号),专项排查可与运营单位(   )等工作结合开展。

A. 专项检查　　　　　　　　　B. 安全评估

C. 季节性检查　　　　　　　　D. 关键时期检查

E. 日常排查

正确答案:ABCD

【试题解析】

《城市轨道交通运营安全风险分级管控和隐患排查治理管理办法》对隐患专项排查作出了规定,对应的条款如下。

"第十四条 ……专项排查是运营单位在一定范围、领域组织开展的针对特定隐患的排查,可与运营单位专项检查、安全评估、季节性和关键时期检查等工作结合开展。"

专项排查与日常排查是两项不同的工作,不可结合开展,E 错误,故本题选 ABCD。

131. 依据《城市轨道交通运营安全风险分级管控和隐患排查治理管理办法》(交运规〔2019〕7 号),隐患排查过程中发现情况特别紧急的,应视情采取(　　)等安全措施,确保运营安全。

A. 人员疏散　　　　　　　　　B. 停止作业

C. 关停有关设施设备　　　　　D. 封锁线路

E. 关闭车站

正确答案:ABCDE

【试题解析】

《城市轨道交通运营安全风险分级管控和隐患排查治理管理办法》对隐患排查作出了规定,对应的条款如下:

"第十五条 隐患排查过程中,发现情况较为紧急的,运营单位应立即采取划定隔离区域、员工现场盯控等防范措施,并及时告知相关人员,防范事态扩大;情况特别紧急的,应视情采取人员疏散、停止作业或停用有关设施设备、封锁线路或关闭车站等安全控制措施,确保运营安全。"

故本题选 ABCDE。

132. 依据《城市轨道交通行车组织管理办法》,城市轨道交通行车组织工作应坚持安全导向,贯彻(　　)的原则。

A. 领导负责　　　　　　　　　B. 集中指挥

C. 车站管理　　　　　　　　　D. 逐级负责

E. 多点指挥

正确答案:BD

【试题解析】

《城市轨道交通行车组织管理办法》对城市轨道交通行车组织工作原则作出了规定,对应的条款如下:

"第三条 城市轨道交通行车组织工作应坚持安全导向,贯彻集中指挥、逐级负责的原则。"

ACE 与条款表述不符,故本题选 BD。

133.依据《城市轨道交通行车组织管理办法》,城市轨道交通列车运行图应保持相对稳定,需要常态化延长运营服务时间或缩小行车间隔的,运营单位应充分论证(　　　),确保满足安全运营条件的,方可组织实施。

A. 运用车数量　　　　　　　　B. 线路条件等设施设备能力

C. 施工维修时间　　　　　　　D. 人员配备需要

E. 首末班车时间

正确答案:ABCD

【试题解析】

《城市轨道交通行车组织管理办法》对城市轨道交通调整运营时间和行车间隔作出了规定,对应的条款如下:

"第五条　……列车运行图应保持相对稳定,需要常态化延长运营服务时间或缩小行车间隔的,运营单位应充分论证运用车数量、线路条件等设施设备能力及施工维修时间、人员配备需要等情况,确保满足安全运营条件的方可组织实施……"

条款中未包含首末车时间,E 错误,故本题选 ABCD。

134.依据《城市轨道交通行车组织管理办法》,城市轨道交通运营单位应统筹内部各专业部门,合理制定行车计划,内容包括(　　　)。

A. 列车运行图　　　　　　　　B. 车辆运用计划

C. 车站开关站时间　　　　　　D. 施工作业计划

E. 乘务计划

正确答案:ABDE

【试题解析】

《城市轨道交通行车组织管理办法》对城市轨道交通行车计划作出了规定,对应的条款如下:

"第四条　城市轨道交通运营单位(以下简称运营单位)应统筹内部各专业部门,合理制定行车计划,内容包括列车运行图、车辆运用计划、施工作业计划、乘务计划等……"

车站开关时间不是行车计划的内容,C 错误,故本题选 ABDE。

135.依据《城市轨道交通行车组织管理办法》,城市轨道交通地下线路因设施设备故障等原因导致列车迫停区间需组织区间疏散时,行车调度人员应(　　　)。

A. 扣停可能驶入受影响区域的列车

B. 明确疏散方向

C. 会同电力、环控调度人员组织该区间接触轨停电、启动相应环控模式

D. 通知车站前往迫停地点做好乘客引导

E. 在邻站端门及疏散区间联络线等通道处安排人员监控

正确答案:ABCDE

【试题解析】

《城市轨道交通行车组织管理办法》对城市轨道交通区间疏散作出了规定,对应的条款如下:

"第三十条 地下和高架线路因设施设备故障等原因导致列车迫停区间需组织区间疏散时,行车调度人员应扣停可能驶入受影响区域的列车,明确疏散方向,会同电力、环控调度人员组织该区间接触轨停电、启动相应环控模式,通知车站前往迫停地点做好乘客引导,并在邻站端门及疏散区间联络线等通道处安排人员监控……"

故本题选 ABCDE。

136.依据《城市轨道交通行车组织管理办法》,行车指挥层级自上而下分为线网监控级、线路控制级和现场执行级,下级服从上级指挥。以下哪些内容是属于线网监控级负责的范畴?(   )

    A.监控线网运行状态

    B.统筹线网运营生产

    C.指挥应急情况下线网列车运行调整

    D.执行行车计划及现场应急处置

    E.对外联络协调

正确答案:ABCE

【试题解析】

《城市轨道交通行车组织管理办法》对城市轨道交通行车指挥层级作出了规定,对应的条款如下:

"第三十条 行车指挥层级自上而下分为线网监控级、线路控制级和现场执行级,下级服从上级指挥。线网监控级负责监控线网运行状态、统筹线网运营生产、指挥应急情况下线网列车运行调整,以及对外联络协调。线路控制级负责本线路的运营状态监控、运行调整和应急指挥。现场执行级负责具体执行行车计划及现场应急处置。"

D 选项为现场执行级而不是线网监控级,故本题选 ABCE。

137.依据《城市轨道交通行车组织管理办法》,针对施工行车,以下说法正确的是(   )。

    A.施工作业应严格按照施工作业计划执行,不得随意变更

    B.调试列车需进行排列进路、列车驾驶等操作时,应由行车调度员、驾驶员操作

    C.跨线施工、同时包含正线与车辆基地的施工,应做好互控

    D.施工列车作业区域与相邻的施工区域应至少保持一站间隔

    E.随车施工人员配合工程车作业时,人员必须在工程车运行方向后方

正确答案:ABCE

【试题解析】

《城市轨道交通行车组织管理办法》中涉及"施工行车"有如下条款与选项相对应:

"第三十四条　运营单位应合理安排施工作业计划,组织各部门严格按照施工作业计划执行,不得随意变更,严格落实请销点制度,做好施工安全防护……

"第三十五条　……跨线施工、同时包含正线与车辆基地的施工,应做好互控。调试列车需进行排列进路、列车驾驶等操作时,应由行车调度、驾驶员操作。因调试需要超速运行的,应先进行技术论证并制定安全措施,但不得超过线路允许速度和列车制动限速。

"第三十六条　施工列车作业区域与相邻的施工区域应至少保持一站一区间间隔……工程车作业时,应根据装载货物及编组情况合理限速或停止相关区域的牵引供电;工程车装卸货物时,应做好安全防护及防溜措施;随车施工人员配合工程车作业时,人员必须在工程车运行方向后方。"

故本题选 ABCE。

138.依据《城市轨道交通客运组织与服务管理办法》(交运规〔2019〕15号),乘客影响城市轨道交通运营安全的行为包括(　　　　)。

A.拦截列车,在列车车门或站台门提示警铃鸣响时强行上下列车,车门或站台门关闭后扒门

B.擅自操作有警示标志的按钮和开关装置,在非紧急状态下动用紧急或者安全装置

C.携带有毒、有害、易燃、易爆、放射性、腐蚀性以及其他可能危及人身和财产安全的危险物品进站、乘车

D.攀爬或者跨越围栏、护栏、护网、站台门等,擅自进入驾驶室、轨道、隧道或者其他有警示标志的区域

E.在车站、站台内吸烟

正确答案:ABCDE

【试题解析】

《城市轨道交通客运组织与服务管理办法》对影响城市轨道交通运营安全的乘客行为作出了规定,对应的条款如下。

"第三十五条　禁止乘客有下列影响城市轨道交通运营安全的行为:

"(一)拦截列车,在列车车门或站台门提示警铃鸣响时强行上下列车,车门或站台门关闭后扒门;

"(二)擅自操作有警示标志的按钮和开关装置,在非紧急状态下动用紧急或者安全装置;

"(三)携带有毒、有害、易燃、易爆、放射性、腐蚀性以及其他可能危及人身和财产安全的危险物品进站、乘车;

"(四)攀爬或者跨越围栏、护栏、护网、站台门等,擅自进入驾驶室、轨道、隧道或者其他有警示标志的区域;

"……

"(八)在车站、列车内吸烟,点燃明火。"

故本题选 ABCDE。

139.依据《城市轨道交通客运组织与服务管理办法》(交运规〔2019〕15 号),涉及( )的施工改造,运营单位应提前报告城市轨道交通运营主管部门并向社会公告。

    A.关闭车站出入口   B.暂停车站使用

    C.关闭电扶梯   D.缩短运营时间

    E.关闭换乘通道

正确答案:ABDE

【试题解析】

《城市轨道交通客运组织与服务管理办法》对施工改造公告做出了规定,对应的条款如下。

"第十六条 ……对于涉及关闭车站出入口或换乘通道、暂停车站使用、缩短运营时间的施工改造,运营单位应提前报告城市轨道交通运营主管部门并向社会公告。"

条款中未涉及关闭电扶梯,C 错误,故本题选 ABDE。

140.依据《城市轨道交通客运组织与服务管理办法》(交运规〔2019〕15 号),以下哪些内容应当在车站醒目位置张贴?( )

    A.车站管辖范围

    B.无障碍设施指引

    C.车站疏散示意图

    D.禁止、限制携带物品目录

    E.列车运行计划

正确答案:BCD

【试题解析】

《城市轨道交通客运组织与服务管理办法》对车站标志标识作出了规定,对应的条款如下。

"第九条 ……车站醒目位置应张贴本站首末班车时间、周边公交换乘信息、无障碍设施指引、车站疏散示意图,以及禁止、限制携带物品目录等……"

条款中未涉及车站管辖范围和列车运行计划,AE 错误,故本题选 BCD。

141.依据《城市轨道交通设施设备运行维护管理办法》,城市轨道交通设施设备运行维护应当贯穿运营全生命周期,遵循( )原则。

    A.安全第一   B.动态监测

    C.规范管理   D.标准作业

    E.效益优先

正确答案:ABCD

【试题解析】

《城市轨道交通设施设备运行维护管理办法》对设施设备运行维护原则作出了规定,对应的条款如下：

"第三条　设施设备运行维护应当贯穿城市轨道交通运营全生命周期，遵循安全第一、动态监测、规范管理、标准作业的原则。"

条款中未涉及效益优先，E 错误，故本题选 ABCD。

142.依据《城市轨道交通设施设备运行维护管理办法》，城市轨道交通运营单位应做好设施设备的运行测试、管理和安全防护，对列车门紧急解锁装置、站台紧急停车按钮、站台门应急解锁装置以及电扶梯紧急停梯按钮等紧急操作设备，运营单位应通过(　　)等方式加强防护。

A.粘贴警示标签　　　　　　　　B.视频监控

C.安排巡查　　　　　　　　　　D.乘客监督

E.人员现场值守

正确答案：ABC

【试题解析】

《城市轨道交通设施设备运行维护管理办法》对设施设备运行防护作出了规定，对应的条款如下。

"第十一条　运营单位应做好下列设施设备的运行测试、管理和安全防护，具体包括：……(四)对列车门紧急解锁装置、站台紧急停车按钮、站台门应急解锁装置以及电扶梯紧急停梯按钮等紧急操作设备，运营单位应通过粘贴警示标签、视频监控、安排巡查等方式加强防护。"

条款中未涉及乘客监督和人员现场值守，DE 错误，故本题选 ABC。

143.依据《城市轨道交通设施设备运行维护管理办法》，城市轨道交通运营单位应组织编制各类运营设备的操作手册，操作手册应至少包括(　　)。

A.启用前的状态检查　　　　　　B.启停程序

C.操作流程　　　　　　　　　　D.异常情况处置程序

E.安全作业管理规定

正确答案：ABCDE

【试题解析】

《城市轨道交通设施设备运行维护管理办法》对设备操作手册作出了规定，对应的条款如下。

"第五条　运营单位应组织编制各类设备的操作手册，操作手册的发布、修订及废止应经充分技术论证后方可实施。操作手册应至少包括启用前的状态检查、启停程序、操作流程、异常情况处置程序、安全作业管理规定等内容。"

故本题选 ABCDE。

144.依据《城市轨道交通设施设备运行维护管理办法》，城市轨道交通运营单位应组织编制设施设备维护规程，应至少包括(　　)等内容。

A. 设施设备维护项目

B. 维护周期

C. 维护流程、维护工艺及技术标准

D. 质量与安全控制要求

E. 维护验收

正确答案:ABCDE

【试题解析】

《城市轨道交通设施设备运行维护管理办法》对设施设备维护规程作出了规定,对应的条款如下。

"第十二条 ……设施设备维护规程应至少包括设施设备维护项目、维护周期、维护流程、维护工艺及技术标准、质量与安全控制要求、维护验收等内容……"

故本题选 ABCDE。

145. 依据《城市轨道交通设施设备运行维护管理办法》,城市轨道交通设施设备更新改造范围主要包括(   )。

A. 对原有设备进行的综合性技术改造和采取的技术措施

B. 为提高自动化、智能化水平和采用新技术、新材料、新产品而进行的技术改造

C. 设备和建筑物等固定资产的购置或新建

D. 环境保护、劳动保护、节能、综合利用原材料等需要添置的设备和相应的土建工程

E. 车站、出入口等甩项工程投入使用

正确答案:ABCD

【试题解析】

《城市轨道交通设施设备运行维护管理办法》对设施设备更新改造范围作出了规定,对应的条款如下。

"第十七条 ……更新改造范围主要包括:

"(一)对原有设备进行的综合性技术改造和采取的技术措施;

"(二)为提高自动化、智能化水平和采用新技术、新材料、新产品而进行的技术改造;

"(三)设备和建筑物等固定资产的购置或新建;

"(四)环境保护、劳动保护、节能、综合利用原材料等需要添置的设备和相应的土建工程。"

条款中未涉及甩项工程,E 错误,故本题选 ABCD。

146. 依据《城市轨道交通设施设备运行维护管理办法》,城市轨道交通运营单位应根据维护规程编制设施设备维护计划并组织实施,其中(   )等重要设施设备的维护工作应严格按照维护计划执行。

A. 正线或车辆基地咽喉区关键道岔

B. 正线接触网(轨)

C. 正线轨道

D. 车辆关键部件

E. 自动售票机

正确答案：ABCD

【试题解析】

《城市轨道交通设施设备运行维护管理办法》对设施设备的维护工作作出了规定，对应的条款如下。

"第十三条　运营单位应根据维护规程编制设施设备维护计划并组织实施，其中正线或车辆基地咽喉区关键道岔、正线接触网(轨)、正线轨道、车辆关键部件等重要设施设备的维护工作应严格按照维护计划执行……"

条款中未涉及自动售票机，E 错误，故本题选 ABCD。

147. 依据《城市轨道交通设施设备运行维护管理办法》，城市轨道交通运营单位应做好设施设备维护施工管理，施工过程中应(　　　)。

A. 严格落实施工区域管理　　　　B. 严格落实请销点登记制度

C. 严格落实车站指挥制度　　　　D. 加强安全防护

E. 加强质量监控

正确答案：ABDE

【试题解析】

《城市轨道交通设施设备运行维护管理办法》对施工管理作出了规定，对应的条款如下。

"第十四条　运营单位应做好设施设备维护施工管理，施工过程中应严格落实施工区域管理、请销点登记等制度，加强安全防护和质量监控……"

条款中未涉及车站指挥制度，C 错误，故本题选 ABDE。

148. 依据《城市轨道交通运营突发事件应急演练管理办法》(交运规〔2019〕9 号)的规定，城市轨道交通运营单位的专项应急预案应至少涵盖的重点内容包括(　　　)。

A. 列车脱轨、撞击、冲突、挤岔

B. 土建结构病害、轨道线路故障

C. 异物侵线、车站及线路淹水倒灌

D. 车辆故障、供电中断、通信中断、信号系统故障

E. 突发大客流、客伤

正确答案：ABCDE

【试题解析】

《城市轨道交通运营突发事件应急演练管理办法》中对专项应急预案内容作出了规定，对应的条款如下。

"第七条　……专项应急预案应至少涵盖以下重点内容，并开展演练：

"(一)列车脱轨、撞击、冲突、挤岔；

"(二)土建结构病害、轨道线路故障;

"(三)异物侵限、车站及线路淹水倒灌;

"(四)车辆故障、供电中断、通信中断、信号系统故障;

"(五)突发大客流、客伤。"

故本题选 ABCDE。

149.依据《城市轨道交通运营突发事件应急演练管理办法》(交运规〔2019〕9 号),以下哪些内容应当是运营单位综合应急预案应当总体阐述的内容?(   )

    A.本单位运营突发事件的应急工作原则

    B.应急组织机构及职责

    C.专项应急预案体系

    D.预警及信息报告

    E.应急响应及保障措施

正确答案:ABCDE

【试题解析】

《城市轨道交通运营突发事件应急演练管理办法》对综合应急预案内容作出了规定,对应的条款如下。

"第六条　运营单位综合应急预案应与政府层面的专项应急预案相衔接,总体阐述本单位运营突发事件的应急工作原则、应急组织机构及职责、专项应急预案体系、预警及信息报告、应急响应及保障措施等内容。"

故本题选 ABCDE。

150.依据《城市轨道交通运营突发事件应急演练管理办法》(交运规〔2019〕9 号),以下哪些内容是行车调度员现场处置方案的内容?(   )

    A.列车事故/故障   B.列车降级运行

    C.列车区间阻塞   D.临时调整行车交路

    E.道岔失表

正确答案:ABCDE

【试题解析】

《城市轨道交通运营突发事件应急演练管理办法》对行车调度员现场处置方案作出了规定,对应的条款如下。

"第六条　……关键岗位的现场处置方案应至少涵盖以下重点内容,并开展经常性演练:

"(一)行车调度员:列车事故/故障、列车降级运行、列车区间阻塞、设施设备故障清客、火灾、临时调整行车交路、线路运营调整及故障抢修、道岔失表等。

"……"

故本题选 ABCDE。

151.依据《城市轨道交通运营突发事件应急演练管理办法》(交运规〔2019〕9号),列车驾驶员岗位的现场处置方案应当涵盖(　　)。

    A.列车事故/故障　　　　　　　B.大客流组织

    C.列车降级运行　　　　　　　D.区间乘客疏散

    E.列车联挂救援

正确答案:ACDE

【试题解析】

《城市轨道交通运营突发事件应急演练管理办法》中对列车驾驶员现场处置方案作出了规定,对应的条款如下。

"第六条　……关键岗位的现场处置方案应至少涵盖以下重点内容,并开展经常性演练:

"……

"(三)列车驾驶员:列车事故/故障、列车降级运行、区间乘客疏散、列车连挂救援、非正常交路行车等。

"……"

条款中未涉及大客流组织,B错误,故本题选ACDE。

152.依据《城市轨道交通运营突发事件应急演练管理办法》(交运规〔2019〕9号),(　　)应形成演练评估报告。

    A.政府专项预案

    B.政府部门预案

    C.运营单位综合预案

    D.运营单位专项预案

    E.运营单位现场处置方案

正确答案:ABCD

【试题解析】

《城市轨道交通运营突发事件应急演练管理办法》中对列车驾驶员现场处置方案作出了规定,对应的条款如下。

"第六条　……政府专项、部门应急预案演练和运营单位综合、专项应急预案演练应形成演练评估报告。运营单位现场处置方案演练可通过现场总结和点评的方式开展评估。"

条款中未涉及现场处置方案,E错误,故本题选ABCD。

153.依据《城市轨道交通运营险性事件信息报告与分析管理办法》(交运规〔2019〕10号),运营单位制作的安全警示片应包括(　　)。

    A.事件基本情况　　　　　　　B.主要原因

    C.造成后果　　　　　　　　　D.经验教训

    E.行业同类事件对比

正确答案:ABCD

【试题解析】

《城市轨道交通运营险性事件信息报告与分析管理办法》(交运规〔2019〕10号)对安全警示片内容作出了规定,对应的条款如下。

"第十一条 ……城市轨道交通运营主管部门应督促运营单位及时对本单位发生的运营险性事件制作安全警示片等多种形式的安全警示材料,开展警示教育活动。安全警示片内容应包括运营险性事件基本情况、主要原因、造成后果、经验教训等。"

条款中未涉及行业同类事件对比,E错误,故本题选ABCD。

154.依据《城市轨道交通运营险性事件信息报告与分析管理办法》(交运规〔2019〕10号),发生城市轨道交通运营险性事件后,城市轨道交通运营单位应向主管部门报告,报告的内容应至少包括( )。

    A.发生的时间、地点、现场情况及简要经过

    B.已经造成或者可能造成的伤亡人数(包括下落不明的人数)和初步估计的直接经济损失

    C.已经采取的措施

    D.对运营造成的影响

    E.初步原因分析

正确答案:ABCDE

【试题解析】

《城市轨道交通运营险性事件信息报告与分析管理办法》中对险性事件报告内容作出了规定,对应的条款如下。

"第六条 报告运营险性事件应包括下列内容:

"……

"(二)发生的时间、地点、现场情况及简要经过;

"(三)已经造成或者可能造成的伤亡人数(包括下落不明的人数)和初步估计的直接经济损失;

"(四)已经采取的措施;

"(五)对运营造成的影响;

"(六)初步原因分析。"

故本题选ABCDE。

155.依据《城市轨道交通运营险性事件信息报告与分析管理办法》(交运规〔2019〕10号),以下哪些故障属于规定的城市轨道交通信号系统重大故障?( )

    A.中央和本地自动监控系统(ATS)同时无法监控列车运行

    B.中央自动监控系统无法监控列车运行

    C.本地自动监控系统无法监控列车运行

D. 联锁故障错误持续 60 分钟(含)以上

E. 联锁故障错误持续 30 分钟(含)以上

正确答案：AD

【试题解析】

《城市轨道交通运营险性事件信息报告与分析管理办法》对信号系统重大故障险性事件作出了定义,对应的条款如下。

"附件　10.信号系统重大故障。信号系统重大故障是指中央和本地自动监控系统(ATS)均无法监控列车运行或联锁故障错误持续 60min(含)以上。"

BCE 与条款不符,故本题选 AD。

156. 依据《城市轨道交通初期运营前安全评估管理暂行办法》(交运规〔2019〕1 号),城市轨道交通运营单位应满足规定的条件,具备(　　)能力。

　　A. 安全运营　　　B. 养护维修　　　　C. 资源开发

　　D. 建设施工　　　E. 应急处置

正确答案：ABE

【试题解析】

《城市轨道交通初期运营前安全评估管理暂行办法》对运营单位提出了要求,对应的条款如下。

"第六条　城市轨道交通运营单位(以下简称运营单位)满足规定的条件,具备安全运营、养护维修和应急处置能力。"

条款中未涉及资源开发、建设施工,CD 错误,故本题选 ABE。

157. 依据《城市轨道交通初期运营前安全评估管理暂行办法》(交运规〔2019〕1 号),城市轨道交通工程项目符合(　　)条件,方可开展初期运营前安全评估。

　　A. 试运行关键指标达到要求,且试运行期间发现的安全隐患和较大质量问题已完成整改

　　B. 按规定通过专项验收并经竣工验收合格,且验收发现的影响运营安全和基本服务质量的问题已完成整改

　　C. 有甩项工程的,甩项工程不得影响初期运营安全和基本服务水平,并有明确范围和计划完成时间

　　D. 按照规定划定城市轨道交通工程项目保护区,根据土建工程验收资料勘界后制定保护区平面图,在具备条件的保护区设置提示或者警示标志

　　E. 甩项工程全部处理完毕

正确答案：ABCD

【试题解析】

《城市轨道交通初期运营前安全评估管理暂行办法》对开展初期运营前安全评估条件作出了规定,对应的条款如下。

"第五条 城市轨道交通工程项目符合以下条件,方可开展初期运营前安全评估。

"(一)试运行关键指标达到要求,且试运行期间发现的安全隐患和较大质量问题已完成整改;

"(二)按规定通过专项验收并经竣工验收合格,且验收发现的影响运营安全和基本服务质量的问题已完成整改;

"(三)有甩项工程的,甩项工程不得影响初期运营安全和基本服务水平,并有明确范围和计划完成时间;

"(四)按照规定划定城市轨道交通工程项目保护区,根据土建工程验收资料勘界后制定保护区平面图,在具备条件的保护区设置提示或者警示标志。"

E 与 C 矛盾,E 错误,故本题选 ABCD。

158.依据《城市轨道交通初期运营前安全评估管理暂行办法》(交运规〔2019〕1 号),运营单位与建设单位签订运营接管协议,通过初期运营前安全评估并且发现的问题整改到位后,正式接管内容包括以下哪几项?( )

    A.线路调度指挥权   B.线路设施维护权

    C.线路设备使用权   D.线路属地管理权

    E.线路人员管理权

正确答案:ACD

【试题解析】

《城市轨道交通初期运营前安全评估管理暂行办法》对正式接管内容作出了规定,对应的条款如下。

"第十五条 通过初期运营前安全评估并且发现的问题整改到位后,城市轨道交通运营主管部门依法向城市人民政府报告评估情况并申请办理初期运营手续,运营单位与建设单位签订运营接管协议,正式接管线路调度指挥权、设备使用权、属地管理权,并向社会公告开通时间和运营安排。"

BE 不是条款规定的正式接管内容,故本题选 ACD。

159.依据《城市轨道交通初期运营前安全评估管理暂行办法》(交运规〔2019〕1 号),以下哪些内容是开展城市轨道交通正式运营前安全评估的前提条件?( )

    A. 初期运营至少半年,向城市轨道交通运营主管部门报送了初期运营报告

    B. 全部甩项工程完工并验收合格,或者已履行设计变更手续

    C. 初期运营前安全评估提出的需在初期运营期间完成的整改问题,已全部完成整改

    D. 初期运营期间,土建工程、设施设备、系统集成的运行状况良好,发现存在问题或者安全隐患处理完毕

    E. 正式运营前安全评估前一年内未发生列车脱轨、列车冲突、列车撞击、桥隧结构坍塌,或造成人员死亡、连续中断行车 2h(含)以上等险性事件,初期运营最后 3

个月关键指标达到要求

正确答案:BCDE

【试题解析】

《城市轨道交通正式运营前和运营期间安全评估管理暂行办法》对正式运营前安全评估的前提条件做出了规定,对应的条款如下。

"第五条　城市轨道交通工程项目符合以下条件,方可开展正式运营前安全评估。

"(一)初期运营至少1年,向城市轨道交通运营主管部门报送了初期运营报告;

"(二)全部甩项工程完工并验收合格,或者已履行设计变更手续;

"(三)初期运营前安全评估提出的需在初期运营期间完成的整改问题,已全部整改完成;

"(四)初期运营期间,土建工程、设施设备、系统集成的运行状况良好,发现存在问题或者安全隐患处理完毕;

"(五)正式运营前安全评估前一年内未发生列车脱轨、列车冲突、列车撞击、桥隧结构坍塌,或造成人员死亡、连续中断行车2h(含)以上等险性事件,初期运营最后3个月关键指标达到要求。"

故本题选BCDE。

160. 依据《城市轨道交通初期运营前安全评估技术规范　第1部分:地铁和轻轨》(交办运〔2019〕17号),城市轨道交通试运行情况报告,内容至少包括(　　　　)

　　A.试运行组织基本情况

　　B.试运行期间主要设施设备运行情况和相关数据记录

　　C.设施设备运行安全性和可靠性分析

　　D.初期运营客流预测分析

　　E.试运行发现问题整改情况

正确答案:ABCE

【试题解析】

《城市轨道交通初期运营前安全评估技术规范　第1部分:地铁和轻轨》对试运行情况报告作出了规定,对应的条款如下。

"第四条　具有试运行情况报告,内容包括试运行组织基本情况、试运行期间主要设施设备运行情况和相关数据记录、设施设备运行安全性和可靠性分析、试运行发现问题整改情况等。"

条款中未涉及初期运营客流预测分析,D错误,故本题选ABCE。

161. 依据《城市轨道交通初期运营前安全评估技术规范　第1部分:地铁和轻轨》(交办运〔2019〕17号),消防验收文件应涵盖以下哪些范围?(　　　　)

　　A.车站、区间　　　　　　　　　　B.中间风井

　　C.车辆基地　　　　　　　　　　　D.控制中心

E.主变电所

正确答案:ABCDE

【试题解析】

《城市轨道交通初期运营前安全评估技术规范　第1部分:地铁和轻轨》对消防验收范围作出了规定,对应的条款如下。

"第六条　……(二)车站、区间、中间风井、车辆基地、控制中心、主变电所等消防验收文件。"

故本题选ABCDE。

162.依据《城市轨道交通初期运营前安全评估技术规范　第1部分:地铁和轻轨》(交办运〔2019〕17号),应对以下哪些构筑物进行具有安装牢固、定位锁定和防护措施是否到位的检查记录?(　　)

A.轨行区电缆、管线、射流风机等吊挂构件

B.声屏障

C.防火门

D.人防门

E.防淹门

正确答案:ABCDE

【试题解析】

《城市轨道交通初期运营前安全评估技术规范　第1部分:地铁和轻轨》对构筑物检查记录作出了规定,对应的条款如下。

"第二十八条　……对轨行区电缆、管线、射流风机等吊挂构件,声屏障、防火门、人防门、防淹门等构筑物具有安装牢固、定位锁定和防护措施是否到位的检查记录。"

故本题选ABCDE。

163.依据《城市轨道交通初期运营前安全评估技术规范　第1部分:地铁和轻轨》(交办运〔2019〕83号),开展正式运营前安全评估前,城市轨道交通运营单位应编制完成初期运营报告,初期运营报告内容至少应包括(　　)。

A.行车组织情况　　　　　　　B.客运组织情况

C.人员管理情况　　　　　　　D.应急管理情况

E.设施设备运行维护情况

正确答案:ABCDE

【试题解析】

《城市轨道交通正式运营前安全评估规范　第1部分:地铁和轻轨》对初期运营报告内容作出了规定,对应的条款如下。

"第九条　运营单位应编制完成初期运营报告,内容包括初期运营基本情况、行车组织、客运组织、设施设备运行维护、人员管理、应急管理等。"

故本题选 ABCDE。

164.依据《城市轨道交通初期运营前安全评估技术规范　第1部分:地铁和轻轨》(交办运〔2019〕83号),城市轨道交通设施出现以下哪几种情况时应及时更换?(　　)

　　A.普通线路和无缝线路缓冲区的重伤和折断钢轨

　　B.接头夹板出现折断、中央裂纹、其他部位裂纹发展到螺栓孔等伤损

　　C.扣件缺少

　　D.护轮轨螺栓危及行车安全时

　　E.轨面擦伤和剥落掉块接近或达到轻伤

正确答案:ABCD

【试题解析】

《城市轨道交通正式运营前安全评估规范　第1部分:地铁和轻轨》对设施更换作出了规定,对应的条款如下。

"第五十二条　……(5)轨道设施出现以下情况时应及时更换:普通线路和无缝线路缓冲区的重伤和折断钢轨;接头夹板出现折断、中央裂纹、其他部位裂纹发展到螺栓孔等伤损;扣件缺少;护轮轨螺栓危及安全时。"

轨面擦伤和剥落掉块接近或达到轻伤应及时养护治理而非更换,E错误,故本题选 AB-CD。

165.依据《城市轨道交通运营期间安全评估规范》(交办运〔2019〕84号),开展城市轨道交通运营期间安全评估时,线网各运营单位应提交上一次运营期间安全评估以来运营总体情况,内容至少包括(　　)。

　　A.运营基本情况

　　B.运营安全风险分级管控与隐患排查治理情况

　　C.设施设备运行维护情况

　　D.行车组织与客运组织情况

　　E.应急管理情况

正确答案:ABCDE

【试题解析】

《城市轨道交通运营期间安全评估规范》对评估准备材料作出了规定,对应的条款如下。

"第三条　开展运营期间安全评估时,线网各运营单位提交的评估准备材料应至少包括以下内容:……(三)上一次运营期间安全评估以来运营安全风险分级管控和隐患排查治理工作开展情况,以及形成的运营安全风险数据库、隐患排查手册和隐患排查治理工作台账。"

故本题选 ABCDE。

166.依据《城市轨道交通运营期间安全评估规范》(交办运〔2019〕84号),城市轨道交通应急基地应配置(　　)等大型工器具及应急物资。

　　A.专用工程抢修车　　　　　　　　　　B.轨道车

C. 通信设备　　　　　　　　D. 接触网抢险设备

E. 车辆起复

正确答案:ABCDE

【试题解析】

《城市轨道交通运营期间安全评估规范》对应急物资配备作出了规定,对应的条款如下。

"第八条　……区域应急中心应配置尖轨、钢轨、防洪沙袋、水泵等小型救援设备及应急物资;应急基地应配置专用工程抢修车、轨道车、通信设备、接触网抢险设备、车辆起复等大型工器具及应急物资。"

故本题选 ABCDE。

167. 依据《城市轨道交通运营期间安全评估规范》(交办运〔2019〕84 号),换乘站的客流组织方案,应明确以下哪些安全风险关键点?(　　　)

A. 车站设备通过能力　　　　　B. 站厅站台容纳能力

C. 易发生对冲区域　　　　　　D. 客流瓶颈部位

E. 自动售票机布局

正确答案:ABCD

【试题解析】

《城市轨道交通运营期间安全评估规范》对安全风险关键点作出了规定,对应的条款如下。

"第九条　……(二)查阅线网运力协调不匹配换乘站的客流组织方案,应明确车站设备通过能力、站厅站台容纳能力、易发生对冲区域、客流瓶颈部位等安全风险关键点,岗位定员、各岗位工作内容和操作要求,以及应急情况下车站客流疏散流线、信息发布、换乘安全保障等要求。"

条款未涉及自动售票机布局,E 错误,故本题选 ABCD。

168. 根据《城市轨道交通信号系统运营技术规范(试行)》,以下哪些功能是由城市轨道交通 ATP 子系统实现的?(　　　)

A. 列车安全防护距离控制　　　B. 列车定位和测速

C. 自动控制开关车门、站台门　　D. 列车运行统计分析

E. 列车退行、后溜防护

正确答案:ABE

【试题解析】

《城市轨道交通信号系统运营技术规范(试行)》对 ATP 子系统功能作出了规定,对应的条款如下。

"4.1　ATP 子系统应实现下列主要功能:

"(1)列车安全防护距离控制;

"(2)列车定位和测速;

"……

"（4）列车退行、后溜防护。"

条款未涉及自动控制开关车门、站台门以及列车运行统计分析，CD 错误，故本题选 ABE。

169. 根据《城市轨道交通信号系统运营技术规范（试行）》，城市轨道交通 ATO 子系统应实现以下哪些主要功能？（　　）

  A. 列车超速防护   B. 列车完整性监控

  C. 自动控制开关车门、站台门   D. 自动折返

  E. 进路自动或人工控制

正确答案：CD

【试题解析】

《城市轨道交通信号系统运营技术规范（试行）》对 ATO 子系统功能作出了规定，对应的条款如下。

"5.1 ATO 子系统应实现下列主要功能：

"……

"（3）自动控制开关车门、站台门；

"（4）自动折返。"

列车超速防护、列车完整性监控是 ATP 子系统主要功能，AB 错误；进路自动或人工控制是 ATS 子系统主要功能，E 错误，故本题选 CD。

170. 根据《城市轨道交通信号系统运营技术规范（试行）》，城市轨道交通 ATS 子系统应实现以下哪些主要功能？（　　）

  A. 列车运行和设备状态监视   B. 列车运行调整

  C. 列车运行图编制和管理   D. 操作和数据的记录、回放

  E. 车门、站台门的开闭状态监督和防护

正确答案：ABCD

【试题解析】

《城市轨道交通信号系统运营技术规范（试行）》对 ATS 子系统功能作出了规定，对应的条款如下。

"6.1 ATS 子系统应实现下列主要功能：

"（1）列车运行和设备状态监视；

"……

"（4）列车运行调整；

"……

"（6）列车运行图编制和管理；

"……

"(8)操作和数据的记录、回放。"

车门、站台门的开闭状态监督和防护是 ATP 子系统主要功能,E 错误,故本题选 ABCD。

171. 根据《城市轨道交通信号系统运营技术规范(试行)》,城市轨道交通 ATP、ATO、ATS、CI、DCS 等子系统和计轴、电源等设备应具备运行日志记录存储功能,配备可视化中文日志解析工具及说明,并满足下列哪些要求?(   )

    A. 日志信息至少包括设备运行状态、操作指令、内部及外部接口数据信息

    B. 在无线带宽满足的前提下,车载 ATP/ATO 设备应支持运行日志人工远程下载

    C. 运营时段下载应不影响系统正常运行

    D. 车载设备必须满足系统日志和运行记录无线实时自动下载要求

    E. 车载 ATP/ATO 设备的运行日志存储时间不少于 7 天,其他设备的运行日志存储时间不少于 30 天

正确答案:ABCE

【试题解析】

《城市轨道交通信号系统运营技术规范(试行)》对运行日志作出了规定,对应的条款如下。

"3.8 ATP、ATO、ATS、CI、DCS 等子系统和计轴、电源等设备应具备运行日志记录存储功能,配备可视化中文日志解析工具及说明,并满足下列要求:

"(1)日志信息至少包括设备运行状态、操作指令、内部及外部接口数据信息。车载 ATP/ATO 设备的运行日志存储时间不少于 7 天,其他设备的运行日志存储时间不少于 30 天。

"(2)在无线带宽满足的前提下,车载 ATP/ATO 设备应支持运行日志人工远程下载,且运营时段下载应不影响系统正常运行。"

条款未规定必须满足无线实时自动下载要求,D 错误,故本题选 ABCE。

172. 根据《城市轨道交通信号系统运营技术规范(试行)》,城市轨道交通信号系统主要包括(   )等子系统,以及电源、计轴、轨道电路、转辙机、信号机等其他设备。

    A. 列车自动防护(ATP)   B. 列车自动运行(ATO)

    C. 列车自动监控(ATS)   D. 计算机联锁(CI)

    E. 数据通信(DCS)

正确答案:ABCDE

【试题解析】

《城市轨道交通信号系统运营技术规范(试行)》对信号系统子系统组成作出了规定,对应的条款如下。

"1.3 信号系统是实现城市轨道交通行车指挥和监控、保障行车安全、提高运行效率的关键系统,主要包括列车自动防护(ATP)、列车自动运行(ATO)、列车自动监控(ATS)、计算机联锁(CI)、数据通信(DCS)、维护监测(MSS)等子系统,以及电源、计轴、轨道电路、转辙机、信号机等其他设备。CI 子系统可与 ATP 子系统集成设置。"

故本题选 ABCDE。

173. 根据《城市轨道交通信号系统运营技术规范(试行)》,城市轨道交通涉及行车安全的(　　)应符合故障导向安全的原则。

  A. ATP 子系统   B. CI 子系统

  C. 计轴   D. 转辙机控制电路

  E. 信号机控制电路

正确答案:ABCDE

【试题解析】

《城市轨道交通信号系统运营技术规范(试行)》对信号系统设计原则作出了规定,对应的条款如下。

"3.1　涉及行车安全的 ATP 子系统、CI 子系统,计轴等设备,以及转辙机、信号机等控制电路应符合故障导向安全的原则。"

故本题选 ABCDE。

174. 根据《城市轨道交通信号系统运营技术规范(试行)》,关于车站紧急关闭按钮,以下说法错误的是(　　)。

  A. 车站站台和车站控制室应设紧急关闭按钮

  B. 每侧站台应至少设置 1 个紧急关闭按钮

  C. 车站的站台紧急关闭按钮宜具备触发和复位状态提示功能

  D. 车站控制室的紧急关闭按钮应具备状态和声音提示功能

  E. 车站控制室紧急关闭按钮状态指示灯故障时,紧急关闭功能不能被触发

正确答案:BE

【试题解析】

《城市轨道交通信号系统运营技术规范(试行)》对车站紧急关闭按钮作出了规定,对应的条款如下。

"10.4　站台紧急关闭按钮应满足下列要求:

"(1)车站公共区的站台紧急关闭按钮应采用嵌入式安装,宜安装在结构柱或墙面上。采用独立立柱安装时不得影响乘客候车和客流疏散。

"(2)车站公共区的站台紧急关闭按钮宜具备触发和复位状态提示功能,车站控制室的站台紧急关闭按钮应具备状态和声音提示功能。设置状态指示灯时,指示灯故障不影响站台紧急关闭功能。

"(3)综合站台长度、楼扶梯数量、操作使用等因素确定车站公共区的站台紧急关闭按钮数量和位置,每侧站台至少设置 2 个,宜分别设置在站台 1/4、3/4 处,设置高度宜距离装修地面 1450 ~ 1700mm。"

故本题选 BE。

175. 根据《城市轨道交通信号系统运营技术规范(试行)》,关于支持全自动运行的信号

系统,以下说法错误的是(　　　　)。

  A.实现列车出入车辆基地和正线自动化区域内的全自动运行作业,自动化区域不设置人员防护开关

  B.向车辆发送唤醒指令,与车辆共同完成列车上电自检、静态测试

  C.列车在站台停车过标超过回退范围时,应自动控制列车低速精确对标停车

  D.实现车门、站台门自动打开、关闭,并控制列车站台自动发车

  E.列车在站台清客期间,信号系统控制车门与站台门保持打开状态,在接收到清客完成指令后,控制列车关闭车门与站台门后自动发车

正确答案:AC

【试题解析】

《城市轨道交通信号系统运营技术规范(试行)》对支持全自动运行的信号系统作出了规定,对应的条款如下。

"11.6　支持全自动运行的信号系统,至少满足下列要求:

"(1)实现列车出入车辆基地和正线自动化区域内的全自动运行作业。自动化区域应设置人员防护开关,防护自动化区域内的人工作业安全。

"(2)实现远程和本地唤醒、休眠功能。向车辆发送唤醒指令,与车辆共同完成列车上电自检、静态测试……

"(3)列车在站台停车过标不超过规定的允许回退范围时,应自动控制列车低速精确对标停车。

"(4)实现车门、站台门自动打开、关闭,并控制列车站台自动发车。

"(5)列车在站台清客期间,信号系统控制车门与站台门保持打开状态,在接收到清客完成指令后,控制列车关闭车门与站台门后自动发车。"

故本题选 AC。

176.根据《城市轨道交通自动售检票系统运营技术规范(试行)》,城市轨道交通自动售检票系统(AFC)主要包括以下哪些子系统?(　　　　)

  A.清分子系统(ACC)   B.线路子系统(LC 或 MLC)

  C.车站子系统(SC)   D.车站终端设备

  E.乘车凭证

正确答案:ABCDE

【试题解析】

《城市轨道交通自动售检票系统运营技术规范(试行)》对自动售检票系统包含的子系统作出了规定,对应的条款如下:

"1.3　自动售检票系统(AFC)是实现城市轨道交通售票、检票、计费、收费、统计、清分、管理等全过程的自动化集成系统,主要包括清分子系统(ACC)、线路子系统(LC 或 MLC)、车站子系统(SC)、车站终端设备和乘车凭证……"

故本题选 ABCDE。

177. 根据《城市轨道交通运营应急能力建设基本要求》,达到网络化运营条件时,运营单位应具备"站点—区域—基地"三级应急点结构,关于三级应急点结构,以下说法正确的是（　　）。

　　A. 站点级是以车站为应急响应点,能够简单处理一般运营突发事件

　　B. 区域级即区域应急中心,能够以较为专业的能力实现对较大运营突发事件的处置

　　C. 区域应急中心的处置能力应至少覆盖 3km 半径范围内线网,实现救援人员 1h 内到达事故现场的响应速度,各区域应急中心的处置能力应能覆盖整个线网

　　D. 基地级一般以车辆段或停车场为基础,具备对特别重大、重大运营突发事件的处置能力

　　E. 应急基地应具备救援人员 30min 内到达事故现场的响应速度

正确答案:ABDE

【试题解析】

《城市轨道交通运营应急能力建设基本要求》(JT/T 1049—2022)中对三级应急点结构作出了规定,对应的条款如下:

"4.9　达到网络化运营条件时,运营单位应具备"站点—区域—基地"三级应急点结构,并符合以下要求:

"a)站点级是以车站为应急响应点,能够简单处理一般运营突发事件。

"b)区域级即区域应急中心,能够以较为专业的能力实现对较大运营突发事件的处置。区域应急中心的处置能力应至少覆盖 5km 半径范围内线网,实现救援人员 20min 内到达事故现场的响应速度,各区域应急中心的处置能力应能覆盖整个线网。

"c)基地级一般以车辆段或停车场为基础,具备对特别重大、重大运营突发事件的处置能力。应急基地应具备救援人员 30min 内到达事故现场的响应速度。"

故本题选 ABDE。

178. 根据《城市轨道交通运营应急能力建设基本要求》,发生以下哪些情形,运营单位应在 3 个月内对应急预案进行修订?（　　）

　　A. 实际运行中发生问题需要改进的

　　B. 应急预案演练评估报告要求修订的

　　C. 有关法律法规、标准、上位预案中的有关规定发生变化的

　　D. 因组织架构调整导致隶属关系、业务关系、负责人等发生变化的

　　E. 周围环境发生变化,形成新的重大风险源的

正确答案:ABCDE

【试题解析】

《城市轨道交通运营应急能力建设基本要求》(JT/T 1049—2022)对应急预案修订作出

了规定,对应的条款如下:

"7.2.4 有下列情形的,运营单位应在3个月内对应急预案进行修订:

"a)实际运行中发生问题需要改进的,以及应急预案演练评估报告要求修订的;

"b)有关法律法规、标准、上位预案中的有关规定发生变化的;

"c)因组织架构调整导致隶属关系、业务关系、负责人等发生变化的;

"d)设施设备、生产工艺和技术要求发生变化的;

"e)周围环境发生变化,形成新的重大风险源的;

"f)应急组织指挥体系或者职责已经调整的;

"g)应修订的其他情况。"

故本题选ABCDE。

179.根据《城市轨道交通运营应急能力建设基本要求》,以下哪些内容属于应急救援队伍岗前培训和在岗期间的持续培训应当涵盖的内容?(　　)

　　A.应急预案　　　　　　　　　　B.应急救援操作中的安全防护措施

　　C.异常情况的鉴别和紧急处置方法　D.应急通信联络方法及应急路线

　　E.应急演练评估方法

正确答案:ABCD

【试题解析】

《城市轨道交通运营应急能力建设基本要求》(JT/T 1049—2022)对应急救援队伍培训作出了规定,对应的条款如下:

"8.2.3 应急救援队伍岗前培训和在岗期间的持续培训应涵盖以下内容:

"a)应急有关的法律法规;

"b)本单位应急相关制度;

"c)应急预案;

"d)应急救援操作中的安全防护措施;

"e)应急物资使用方法;

"f)异常情况的鉴别和紧急处置方法;

"g)自救、互救知识;

"h)应急通信联络方法及应急路线;

"i)应急突发事件案例。"

条款中未涉及应急演练评估方法,E错误,故本题选ABCD。

180.根据《城市轨道交通运营应急能力建设基本要求》,运营单位应每三年对应急能力进行综合评估,形成应急能力综合评估报告,以下哪些内容是应急能力综合评估报告应当包含的内容?(　　)

　　A.应急管理制度和机制建设情况

　　B.应急预案编制和管理、培训情况

　　C.应急物资配备和管理情况

　　D.应急演练计划制定、演练开展、评估等情况

　　E.突发事件的应急处置、技术分析等情况

正确答案：ABCDE

【试题解析】

　　《城市轨道交通运营应急能力建设基本要求》(JT/T 1049—2022)对应急能力综合评估报告作出了规定,对应的条款如下:

　　"13.2.2　应急能力综合评估的主要内容应包括:

　　"a)应急管理制度和机制建设情况;

　　"b)应急组织机构设置情况;

　　"c)监测预警系统设置及发挥作用的情况;

　　"d)应急预案编制和管理、培训情况;

　　"e)专(兼)职应急救援队伍建设和培训、考核等情况;

　　"f)应急专家库建设和管理情况;

　　"g)应急物资配备和管理情况;

　　"h)应急演练计划制定、演练开展、评估等情况;

　　"i)突发事件的应急处置、技术分析等情况;

　　"j)面向社会的安全、应急等知识宣传情况。"

　　故本题选 ABCDE。

三、判断题

　　181.依据《国务院办公厅关于保障城市轨道交通安全运行的意见》(国办发〔2018〕13号),城市轨道交通建设工程项目竣工验收不合格的,不得开展运营前安全评估,未通过运营前安全评估的,不得投入运营。

正确答案：√

【试题解析】

　　《国务院办公厅关于保障城市轨道交通安全运行的意见》(国办发〔2018〕13号)第三条第六款对城市轨道交通相关环节衔接作出了具体规定,要求:"城市轨道交通建设工程竣工验收不合格的,不得开展运营前安全评估,未通过运营前安全评估的,不得投入运营。"

　　故此说法正确。

　　182.依据《国务院办公厅关于保障城市轨道交通安全运行的意见》(国办发〔2018〕13号),建立城市轨道交通关键设施设备全生命周期数据行业共享机制和设施设备运行质量公开及追溯机制,加强全面质量监管。

正确答案：√

【试题解析】

　　《国务院办公厅关于保障城市轨道交通安全运行的意见》第四条第八款对强化关键设施

设备管理作出了具体规定,要求:"建立关键设施设备全生命周期数据行业共享机制和设施设备运行质量公开及追溯机制,加强全面质量监管。"

故此说法正确。

183.依据《国务院办公厅关于保障城市轨道交通安全运行的意见》(国办发〔2018〕13号),鼓励推广应用智能、快速的安检新技术、新产品,逐步建立与城市轨道交通客流特点相适应的安检新模式。

正确答案:√

【试题解析】

《国务院办公厅关于保障城市轨道交通安全运行的意见》第五条第八款对规范城市轨道交通安全检查工作作出了具体规定,要求:"鼓励推广应用智能、快速的安检新技术、新产品,逐步建立与城市轨道交通客流特点相适应的安检新模式。"

故此说法正确。

184.依据《国务院办公厅关于保障城市轨道交通安全运行的意见》(国办发〔2018〕13号),加强政府部门、运营单位与街道、社区之间的协调联动,推广警企共建、街企共建等专群结合的综治模式。

正确答案:√

【试题解析】

《国务院办公厅关于保障城市轨道交通安全运行的意见》第五条第十二款对加强城市轨道交通社会共建共治作出了具体规定,要求:"城市轨道交通所在地城市及以上地方人民政府要构建公安、交通运输、综治等部门以及运营单位、社会力量多方参与的城市轨道交通公共安全协同防范体系和应急响应机制,加强政府部门、运营单位与街道、社区之间的协调联动,推广"警企共建""街企共建"等专群结合的综治模式。"

故此说法正确。

185.依据《国务院办公厅关于保障城市轨道交通安全运行的意见》(国办发〔2018〕13号),城市轨道交通运营单位要制定安全防范和消防安全管理制度、明确人员敢为职责、落实安全管理措施,保障相关经费投入,及时配备、更新防范和处置设施设备。

正确答案:√

【试题解析】

《国务院办公厅关于保障城市轨道交通安全运行的意见》第五条第十款对加强城市轨道交通日常巡检防控作出了具体规定,要求:"运营单位要制定安全防范和消防安全管理制度、明确人员岗位职责、落实安全管理措施,保障相关经费投入,及时配备、更新防范和处置设施设备。"

故此说法正确。

186.依据《国务院办公厅关于保障城市轨道交通安全运行的意见》(国办发〔2018〕13号),在保障运营安全的前提下,支持对城市轨道交通设施用地的地上、地下空间实施土地综合开发,创新节约集约用地模式,以综合开发收益支持运营和基础设施建设。

正确答案:√

【试题解析】

《国务院办公厅关于保障城市轨道交通安全运行的意见》第七条第十六款对加大综合政策扶持力度作出了具体规定,要求:"在保障运营安全的前提下,支持对城市轨道交通设施用地的地上、地下空间实施土地综合开发,创新节约集约用地模式,以综合开发收益支持运营和基础设施建设,确保城市轨道交通运行安全可持续。"

故此说法正确。

187. 依据《国务院办公厅关于保障城市轨道交通安全运行的意见》(国办发〔2018〕13号),城市轨道交通工程项目要按照相关规定划定保护区,运营期间在保护区范围内进行有关作业要按程序征求运营单位同意后方可办理相关许可手续。

正确答案:√

【试题解析】

《国务院办公厅关于保障城市轨道交通安全运行的意见》第三条第六款对运营期间在保护区范围内进行有关作业作出了明确规定,要求:"城市轨道交通工程项目要按照相关规定划定保护区,运营期间在保护区范围内进行有关作业要按程序征求运营单位同意后方可办理相关许可手续。"

故此说法正确。

188. 依据《国家城市轨道交通运营突发事件应急预案》(国办函〔2015〕32号),城市轨道交通重大运营突发事件发生后,运营单位必须先报告再处置。

正确答案:×

【试题解析】

《国家城市轨道交通运营突发事件应急预案》第4.2条中对城市轨道交通重大运营突发事件的响应措施作出了明确规定。

"4.2　响应措施　运营突发事件发生后,运营单位必须立即实施先期处置,全力控制事件发展态势。"

故此说法错误。

189. 依据《国家城市轨道交通运营突发事件应急预案》(国办函〔2015〕32号),城市轨道交通运营单位是运营突发事件应对工作的责任主体,要建立健全应急指挥机制,针对可能发生的运营突发事件完善应急预案体系,建立与相关单位的信息共享和应急联动机制。

正确答案:√

【试题解析】

《国家城市轨道交通运营突发事件应急预案》第2.4条对组织指挥体系中运营单位作出了具体规定。

"2.4　运营单位　运营单位是运营突发事件应对工作的责任主体,要建立健全应急指挥机制,针对可能发生的运营突发事件完善应急预案体系,建立与相关单位的信息共享和应急联动机制。"

故此说法正确。

190.依据《国家城市轨道交通运营突发事件应急预案》(国办函〔2015〕32号),运营突发事件发生后,城市轨道交通运营单位应当立即向当地城市轨道交通运营主管部门和相关部门报告,同时通告可能受到影响的单位和乘客。

正确答案:√

【试题解析】

《国家城市轨道交通运营突发事件应急预案》(国办函〔2015〕32号)第3.3条对信息报告作出了具体规定。

"3.3 信息报告 运营突发事件发生后,运营单位应当立即向当地城市轨道交通运营主管部门和相关部门报告,同时通告可能受到影响的单位和乘客。"

故此说法正确。

191.依据《国家城市轨道交通运营突发事件应急预案》(国办函〔2015〕32号),城市轨道交通运营单位要建立健全运营突发事件专业应急救援队伍,加强人员设备维护和应急抢修能力培训,定期开展应急演练,提高应急救援能力。

正确答案:√

【试题解析】

《国家城市轨道交通运营突发事件应急预案》(国办函〔2015〕32号)第6.2条对建立健全运营突发事件专业应急救援队伍作出了具体规定。

"6.2 队伍保障 运营单位要建立健全运营突发事件专业应急救援队伍,加强人员设备维护和应急抢修能力培训,定期开展应急演练,提高应急救援能力。"

故此说法正确。

192.依据《国务院办公厅关于印发国家城市轨道交通运营突发事件应急预案的通知》(国办函〔2015〕32号),对于城市轨道交通系统内设施设备及环境状态预警,要组织专业人员迅速对相关设施设备状态进行检查确认,立即关闭设备。

正确答案:×

【试题解析】

《国务院办公厅关于印发国家城市轨道交通运营突发事件应急预案的通知》第3.2.2(1)条对城市轨道交通系统内设施设备及环境状态预警作出了具体规定。

"3.2.2 预警行为

"(1)对于城市轨道交通系统内设施设备及环境状态预警,要组织专业人员迅速对相关设施设备状态进行检查确认,排除故障,并做好故障排除前的各项防范工作。

"……"

故此说法错误。

193. 依据《国务院办公厅关于印发国家城市轨道交通运营突发事件应急预案的通知》(国办函〔2015〕32号),城市轨道交通发生运营突发事件后,在运营突发事件现场处置完毕、次生灾害后果基本消除后,运营单位应尽快恢复正常运营。

正确答案:×

【试题解析】

《国务院办公厅关于印发国家城市轨道交通运营突发事件应急预案的通知》第4.2.9条对运营恢复作出了具体规定。

"4.2.9　运营恢复　在运营突发事件现场处理完毕、次生灾害后果基本消除后,及时组织评估;当确认具备运营条件后,运营单位应尽快恢复正常运营。"

故此说法错误。

194. 依据《城市轨道交通运营管理规定》(中华人民共和国交通运输部令2018年第8号),不载客试运行由城市轨道交通建设单位负责,运营单位不用参与。

正确答案:×

【试题解析】

《城市轨道交通运营管理规定》第九条对不载客试运行中运营单位是否参与作出了具体规定。

"第九条　运营单位应当全程参与城市轨道交通工程项目按照规定开展的不载客试运行,熟悉工程设备和标准,察看系统运行的安全可靠性,发现存在质量问题和安全隐患的,应当督促城市轨道交通建设单位(以下简称建设单位)及时处理。……"

故此说法错误。

195. 依据《城市轨道交通运营管理规定》(中华人民共和国交通运输部令2018年第8号),城市轨道交通运营单位应当对列车驾驶员定期开展心理测试,对不符合要求的及时调整工作岗位。

正确答案:√

【试题解析】

《城市轨道交通运营管理规定》第十三条对列车驾驶员考核作出了具体规定。

"第十三条　……运营单位应当对列车驾驶员定期开展心理测试,对不符合要求的及时调整工作岗位。"

故此说法正确。

196. 依据《城市轨道交通运营管理规定》(中华人民共和国交通运输部令2018年第8号),对于非运营单位原因不能及时消除的重大隐患,城市轨道交通运营主管部门应当报告城市人民政府依法处理。

正确答案:√

【试题解析】

《城市轨道交通运营管理规定》第十四条对非运营单位原因不能及时消除的重大隐患给

出了具体处理办法。

"第十四条 ……城市轨道交通运营主管部门应当建立运营重大隐患治理督办制度,督促运营单位采取安全防护措施,尽快消除重大隐患;对非运营单位原因不能及时消除的,应当报告城市人民政府依法处理。"

故此说法正确。

197.依据《城市轨道交通运营管理规定》(中华人民共和国交通运输部令 2018 年第 8 号),运营单位应当将本单位的城市轨道交通运营设施设备定期检查、检测评估等制度和技术管理体系报城市轨道交通运营主管部门备案。

正确答案:√

【试题解析】

《城市轨道交通运营管理规定》第十五条对运营单位城市轨道交通运营设施设备备案作出了具体规定。

"第十五条 运营单位应当建立健全本单位的城市轨道交通运营设施设备定期检查、检测评估、养护维修、更新改造制度和技术管理体系,并报城市轨道交通运营主管部门备案。……"

故此说法正确。

198.依据《城市轨道交通运营管理规定》(中华人民共和国交通运输部令 2018 年第 8 号),运营单位调整运行图严重影响服务质量的,应当向城市轨道交通运营主管部门说明理由。

正确答案:√

【试题解析】

《城市轨道交通运营管理规定》第二十条对运营单位调整运行图严重影响服务质量的作出了具体规定。

"第二十条 ……运营单位调整运行图严重影响服务质量的,应当向城市轨道交通运营主管部门说明理由。"

故此说法正确。

199.依据《城市轨道交通运营管理规定》(中华人民共和国交通运输部令 2018 年第 8 号),城市轨道交通运营单位应当自行制定城市轨道交通乘客乘车规范,并发布实施。

正确答案:×

【试题解析】

《城市轨道交通运营管理规定》第二十三条对城市轨道交通乘客乘车规范的制定作出了具体规定。

"第二十三条 城市轨道交通运营主管部门应当制定城市轨道交通乘客乘车规范,乘客应当遵守。……"

故此说法错误。

200.依据《城市轨道交通运营管理规定》(中华人民共和国交通运输部令 2018 年第 8

号),乘客拒不遵守城市轨道交通乘客乘车规范的,运营单位有权劝阻和制止,制止无效的,报告公安机关依法处理。

正确答案:√

【试题解析】

《城市轨道交通运营管理规定》第二十三条对乘客拒不遵守城市轨道交通乘客乘车规范的作出了具体规定。

"第二十三条　城市轨道交通运营主管部门应当制定城市轨道交通乘客乘车规范,乘客应当遵守。拒不遵守的,运营单位有权劝阻和制止,制止无效的,报告公安机关依法处理。"

故此说法正确。

201.依据《城市轨道交通运营管理规定》(中华人民共和国交通运输部令 2018 年第 8 号),城市轨道交通运营单位有权进入保护区内作业现场进行巡查,发现危及或者可能危及城市轨道交通运营安全的情形,运营单位有权予以制止。

正确答案:√

【试题解析】

《城市轨道交通运营管理规定》第三十一条对保护区作出了具体规定。

"第三十一条　运营单位有权进入作业现场进行巡查,发现危及或者可能危及城市轨道交通运营安全的情形,运营单位有权予以制止,并要求相关责任单位或者个人采取措施消除妨害;逾期未改正的,及时报告有关部门依法处理。"

故此说法正确。

202.依据《城市轨道交通运营管理规定》(中华人民共和国交通运输部令 2018 年第 8 号),地面、高架线路沿线建(构)筑物或者植物的责任单位对城市轨道交通运营安全造成影响时,运营单位应当经有关部门批准后方可采取处置措施。

正确答案:×

【试题解析】

《城市轨道交通运营管理规定》第三十二条对侵入城市轨道交通界限的作出了具体规定。

"第三十二条　……责任单位不能消除影响,危及城市轨道交通运营安全、情况紧急的,运营单位可以先行处置,并及时报告有关部门依法处理。"

故此说法错误。

203.依据《城市轨道交通运营管理规定》(中华人民共和国交通运输部令 2018 年第 8 号),运营单位储备的应急物资不满足需要,未配备专业应急救援装备,或者未建立应急救援队伍、配齐应急人员,逾期未改正的,处以 5000 元以上 3 万元以下的罚款,并可对其主要负责人处以 1 万元以下的罚款。

正确答案:√

【试题解析】

《城市轨道交通运营管理规定》(中华人民共和国交通运输部令 2018 年第 8 号)第四十

九条对运营单位储备的应急物资不满足需要等作出了具体处罚规定。

"**第四十九条** 违反本规定,运营单位有下列行为之一的,由城市轨道交通运营主管部门责令限期改正;逾期未改正的,处以 5000 元以上 3 万元以下的罚款,并可对其主要负责人处以 1 万元以下的罚款:

"……

"(十一)储备的应急物资不满足需要,未配备专业应急救援装备,或者未建立应急救援队伍、配齐应急人员;……"

故此说法正确。

204. 依据《城市轨道交通运营管理规定》(中华人民共和国交通运输部令 2018 年第 8 号),运营单位应当在运营接管协议中明确相关土建工程、设施设备、系统集成的保修范围、保修期限和保修责任,并督促建设单位将上述内容纳入建设工程质量保修书。

正确答案:√

【试题解析】

《城市轨道交通运营管理规定》第九条对运营单位的运营接管协议作出了具体规定。

"**第九条** ……运营单位应当在运营接管协议中明确相关土建工程、设施设备、系统集成的保修范围、保修期限和保修责任,并督促建设单位将上述内容纳入建设工程质量保修书。"

故此说法正确。

205. 依据《城市轨道交通运营管理规定》(中华人民共和国交通运输部令 2018 年第 8 号),运营单位承担运营安全生产主体责任,应当保障安全运营所必需的资金投入。

正确答案:√

【试题解析】

《城市轨道交通运营管理规定》第十二条对运营单位的责任作出了具体规定。

"**第十二条** 运营单位承担运营安全生产主体责任,应当建立安全生产责任制,设置安全生产管理机构,配备专职安全管理人员,保障安全运营所必需的资金投入。"

故此说法正确。

206. 依据《城市轨道交通运营管理规定》(中华人民共和国交通运输部令 2018 年第 8 号),城市轨道交通运营单位应当保证乘客个人信息的采集和使用符合国家网络和信息安全有关规定。

正确答案:√

【试题解析】

《城市轨道交通运营管理规定》第二十八条对乘客信息采集与使用作出了具体规定。

"**第二十八条** ……运营单位应当保证乘客个人信息的采集和使用符合国家网络和信息安全有关规定。"

故此说法正确。

207.依据《城市轨道交通运营管理规定》(中华人民共和国交通运输部令 2018 年第 8 号),初期运营期间,运营单位发现存在问题或者安全隐患的,应当督促建设单位按照有关规定及时处理。

正确答案:√

【试题解析】

《城市轨道交通运营管理规定》第十条对初期运营期间存在问题或者安全隐患作出了具体规定。

"第十条　……初期运营期间,运营单位应当按照设计标准和技术规范,对土建工程、设施设备、系统集成的运行状况和质量进行监控,发现存在问题或者安全隐患的,应当要求相关责任单位按照有关规定或者合同约定及时处理。"

故此说法正确。

208.依据《城市轨道交通运营管理规定》(中华人民共和国交通运输部令 2018 年第 8 号),城市轨道交通车站站台、站厅层不应设置妨碍安全疏散的非运营设施。

正确答案:√

【试题解析】

《城市轨道交通运营管理规定》第三十五条对安全支持保障作出了具体规定。

"第三十五条　……城市轨道交通车站站台、站厅层不应设置妨碍安全疏散的非运营设施。"

故此说法正确。

209.依据《城市轨道交通运营管理规定》(中华人民共和国交通运输部令 2018 年第 8 号),城市轨道交通工程项目(含甩项工程)未经安全评估投入运营,且有严重安全隐患的,城市轨道交通运营主管部门应当责令暂停运营。

正确答案:√

【试题解析】

《城市轨道交通运营管理规定》第四十八条对城市轨道交通工程项目未经安全评估投入运营,且有严重安全隐患的作出了具体规定。

"第四十八条　城市轨道交通工程项目(含甩项工程)未经安全评估投入运营的,由城市轨道交通运营主管部门责令限期整改,并对运营单位处以 2 万元以上 3 万元以下的罚款,同时对其主要负责人处以 1 万元以下的罚款;有严重安全隐患的,城市轨道交通运营主管部门应当责令暂停运营。"

故此说法正确。

210.依据《城市轨道交通运营管理规定》(中华人民共和国交通运输部令 2018 年第 8 号),运营单位应当按规定在车站醒目位置公示城市轨道交通禁止、限制携带物品目录。

正确答案:√

【试题解析】

《城市轨道交通运营管理规定》第三十六条对城市轨道交通禁止、限制携带物品目录公示作出了具体规定。

"第三十六条 ……运营单位应当按规定在车站醒目位置公示城市轨道交通禁止、限制携带物品目录。"

故此说法正确。

211. 依据《城市轨道交通运营管理规定》(中华人民共和国交通运输部令 2018 年第 8 号),擅自操作有警示标志的按钮和开关装置,在非紧急状态下动用紧急或者安全装置属于危害或者可能危害城市轨道交通运营安全的行为,运营单位有权予以制止,并由城市轨道交通运营主管部门责令改正,可以对个人处以 5000 元以下的罚款。

正确答案:√

【试题解析】

《城市轨道交通运营管理规定》第五十三条对危害或者可能危害城市轨道交通运营安全的行为作出了具体规定。

"第五十三条 违反本规定第三十三条、第三十四条,运营单位有权予以制止,并由城市轨道交通运营主管部门责令改正,可以对个人处以 5000 元以下的罚款,对单位处以 3 万元以下的罚款;违反治安管理规定的,由公安机关依法处理;构成犯罪的,依法追究刑事责任。"

故此说法正确。

212. 依据《城市轨道交通运营管理规定》(中华人民共和国交通运输部令 2018 年第 8 号),开通初期运营的城市轨道交通线路有甩项工程的,甩项工程完工后即可投入使用。

正确答案:×

【试题解析】

《城市轨道交通运营管理规定》第十一条对开通初期运营的城市轨道交通线路有甩项工程的作出了具体规定。

"第十一条 ……开通初期运营的城市轨道交通线路有甩项工程的,甩项工程完工并验收合格后,应当通过城市轨道交通运营主管部门组织的安全评估,方可投入使用。……"

故此说法错误。

213. 依据《城市轨道交通运营管理规定》(中华人民共和国交通运输部令 2018 年第 8 号),开通初期运营的城市轨道交通线路有甩项工程且受客观条件限制难以完成的,可以开展正式运营前安全评估。

正确答案:×

【试题解析】

《城市轨道交通运营管理规定》第十一条对开通初期运营的城市轨道交通线路有甩项工程的作出了具体规定。

"第十一条 ……受客观条件限制难以完成甩项工程的,运营单位应当督促建设单位与设计单位履行设计变更手续。全部甩项工程投入使用或者履行设计变更手续后,城市轨道交通工程项目方可依法办理正式运营手续。"

故此说法错误。

214. 依据《城市轨道交通运营管理规定》(中华人民共和国交通运输部令2018年第8号),城市轨道交通专项应急预案不需要组织专家评审。

正确答案:×

【试题解析】

《城市轨道交通运营管理规定》第四十条对城市轨道交通专项应急预案评审作出了具体规定。

"第四十条 ……运营单位应当按照有关法规要求建立运营突发事件应急预案体系,制定综合应急预案、专项应急预案和现场处置方案。运营单位应当组织专家对专项应急预案进行评审。……"

故此说法错误。

215. 依据《城市轨道交通运营管理规定》(中华人民共和国交通运输部令2018年第8号),因运营突发事件、自然灾害、社会安全事件以及其他原因危及运营安全时,运营单位可以暂停部分区段或者全线网的运营,根据需要及时启动相应应急保障预案,做好客流疏导和现场秩序维护,并报告城市轨道交通运营主管部门。

正确答案:√

【试题解析】

《城市轨道交通运营管理规定》第四十五条对运营突发事件、自然灾害、社会安全事件以及其他原因危及运营安全的作出了具体规定。

"第四十五条 ……因运营突发事件、自然灾害、社会安全事件以及其他原因危及运营安全时,运营单位可以暂停部分区段或者全线网的运营,根据需要及时启动相应应急保障预案,做好客流疏导和现场秩序维护,并报告城市轨道交通运营主管部门。……"

故此说法正确。

216. 依据《城市轨道交通运营管理规定》(中华人民共和国交通运输部令2018年第8号),运营单位采取封站、暂停运营措施时,可自行决定,不用向城市轨道交通运营主管部门报告。

正确答案:×

【试题解析】

《城市轨道交通运营管理规定》第四十五条对运营单位采取封站、暂停运营措施时是否向城市轨道交通运营主管部门报告作出了具体规定。

"第四十五条 ……运营单位采取限流、甩站、封站、暂停运营措施应当及时告知公众,其中封站、暂停运营措施还应当向城市轨道交通运营主管部门报告。……"

故此说法错误。

217. 依据《城市轨道交通运营管理规定》(中华人民共和国交通运输部令2018年第8号),开通正式运营前建设单位应当向运营单位提供保护区平面图,并在具备条件的保护区设置提示或者警示标志。

正确答案:×

【试题解析】

《城市轨道交通运营管理规定》(中华人民共和国交通运输部令2018年第8号)第二十九条对保护区作出了具体规定。

"第二十九条 ……开通初期运营前,建设单位应当向运营单位提供保护区平面图,并在具备条件的保护区设置提示或者警示标志。"

故此说法错误。

218.依据《城市轨道交通运营安全风险分级管控和隐患排查治理管理办法》(交运规〔2019〕7号),城市轨道交通运营单位应对照运营安全风险数据库逐项分析所列风险管控措施的弱化、失效、缺失可能产生的隐患,确定隐患等级,并按照"一岗一册"的原则分解到岗位,形成岗位的隐患排查手册。

正确答案:√

【试题解析】

《城市轨道交通运营安全风险分级管控和隐患排查治理管理办法》第十三条对隐患排查手册作出了具体规定。

"第十三条 运营单位应对照风险数据库,逐项分析所列风险管控措施弱化、失效、缺失可能产生的隐患,确定隐患等级,并按照'一岗一册'的原则分解到各岗位,形成各岗位的隐患排查手册,明确排查内容、排查方法、排查周期等内容。"

故此说法正确。

219.依据《城市轨道交通运营安全风险分级管控和隐患排查治理管理办法》(交运规〔2019〕7号),城市轨道交通运营单位每两年对所辖线路开展一次风险全面辨识,持续发现未知安全风险,并及时更新风险数据库。

正确答案:×

【试题解析】

《城市轨道交通运营安全风险分级管控和隐患排查治理管理办法》第九条对风险数据库作出了具体规定。

"第九条 运营单位每年对所辖线路开展一次风险全面辨识,持续发现未知安全风险,并及时更新风险数据库。"

故此说法错误。

220.依据《城市轨道交通运营安全风险分级管控和隐患排查治理管理办法》(交运规〔2019〕7号),对跨城市运营的城市轨道交通线路,由线路所在城市的城市轨道交通运营主管部门按职责协商组织开展运营安全风险分级管控和隐患排查治理的监督管理工作。

正确答案:√

【试题解析】

《城市轨道交通运营安全风险分级管控和隐患排查治理管理办法》第四条第二款对跨城

市运营的城市轨道交通线路作出了具体规定。

"第四条　……

"对跨城市运营的城市轨道交通线路,由线路所在城市的城市轨道交通运营主管部门按职责协商组织开展运营安全风险分级管控和隐患排查治理的监督管理工作。……"

故此说法正确。

221.依据《城市轨道交通运营安全风险分级管控和隐患排查治理管理办法》(交运规〔2019〕7号),城市轨道交通运营安全风险等级由风险事件后果严重程度决定。

正确答案:×

【试题解析】

《城市轨道交通运营安全风险分级管控和隐患排查治理管理办法》第八条第二款对城市轨道交通运营安全风险等级决定因素作出了具体规定。

"第八条　……

"城市轨道交通运营安全风险等级从高到低划分为重大、较大、一般、较小四个等级,风险等级由风险点发生风险事件可能性和后果严重程度的组合决定。……"

故此说法错误。

222.依据《城市轨道交通运营安全风险分级管控和隐患排查治理管理办法》(交运规〔2019〕7号),城市轨道交通线路投入正式运营前,运营单位可选择开展正式运营前安全评估或者风险全面辨识。

正确答案:×

【试题解析】

《城市轨道交通运营安全风险分级管控和隐患排查治理管理办法》(交运规〔2019〕7号)第九条第一款对城市轨道交通线路投入正式运营前风险全面辨识作出了具体规定。

"第九条　……城市轨道交通新线投入初期运营和正式运营时,运营单位应同步组织开展风险全面辨识。……

"……"

故此说法错误。

223.依据《城市轨道交通运营安全风险分级管控和隐患排查治理管理办法》(交运规〔2019〕7号),对于一般风险及较小风险,应由专业部门负责人组织制定管控措施。

正确答案:×

【试题解析】

《城市轨道交通运营安全风险分级管控和隐患排查治理管理办法》第十条对一般风险及较小风险作出了具体规定。

"第十条　运营单位应按照"分级管控"原则建立健全风险管控工作机制。对于重大风险,应由运营单位负责人牵头组织制定管控措施;对于较大风险,应由专业部门负责人牵头组织制定管控措施;对于一般风险及较小风险,应由班组负责人组织制定管控措施。……"

故此说法错误。

224. 依据《城市轨道交通运营安全风险分级管控和隐患排查治理管理办法》(交运规〔2019〕7号),当城市轨道交通运营环境发生较大变化时,应对特定领域、特定环节、特定对象开展风险专项辨识。

正确答案:√

【试题解析】

《城市轨道交通运营安全风险分级管控和隐患排查治理管理办法》第九条对开展风险专项辨识做出了具体规定。

"第九条 ……遇到以下情况之一的,还应对特定领域、特定环节、特定对象开展风险专项辨识:

"(一)运营环境发生较大变化;……"

故此说法正确。

225. 依据《城市轨道交通运营安全风险分级管控和隐患排查治理管理办法》(交运规〔2019〕7号),城市轨道交通车辆、信号等关键系统更新,以及车站、线路等改造后投入使用时,应开展风险专项辨识。

正确答案:√

【试题解析】

《城市轨道交通运营安全风险分级管控和隐患排查治理管理办法》第九条对开展风险专项辨识作出了具体规定。

"第九条 ……遇到以下情况之一的,还应对特定领域、特定环节、特定对象开展风险专项辨识:

"……

"(五)车辆、信号等关键系统更新,以及车站、线路等改造后投入使用时;……"

故此说法正确。

226. 依据《城市轨道交通运营安全风险分级管控和隐患排查治理管理办法》(交运规〔2019〕7号),因人员、设施设备、作业环境、管理等因素变化,台风、洪涝、冰雪等气象灾害和地震、山体滑坡、地质塌陷等地质灾害,或其他因素引起安全风险上升、管控效果降低、安全问题凸显时,城市轨道交通运营单位应及时将风险预警和管控要求通知到相关管理和作业人员。

正确答案:√

【试题解析】

《城市轨道交通运营安全风险分级管控和隐患排查治理管理办法》第十一条对风险预警和管控要求作出了具体规定。

"第十一条 因人员、设施设备、作业环境、管理等因素变化,台风、洪涝、冰雪等气象灾害和地震、山体滑坡、地质塌陷等地质灾害,或其他因素引起安全风险上升、管控效果降低、安全问题凸显时,运营单位应及时将风险预警和管控要求通知到相关管理和作业人员。"

故此说法正确。

227.依据《城市轨道交通运营安全风险分级管控和隐患排查治理管理办法》(交运规〔2019〕7号),城市轨道交通隐患分为重大隐患、较大隐患和一般隐患三个等级。

正确答案:×

【试题解析】

《城市轨道交通运营安全风险分级管控和隐患排查治理管理办法》第十二条对城市轨道交通隐患分级作出了具体规定。

"第十二条　隐患分为重大隐患和一般隐患两个等级。……"

故此说法错误。

228.依据《城市轨道交通行车组织管理办法》,正常情况下城市轨道交通列车应按照双线、左侧单方向行车。

正确答案:×

【试题解析】

《城市轨道交通行车组织管理办法》第七条对城市轨道交通列车行驶方向作出了具体规定。

"第七条　正常情况下列车应按双线、右侧单方向运行。……"

故此说法错误。

229.依据《城市轨道交通行车组织管理办法》,城市轨道交通运营单位应制定本单位的行车组织规则,特别应对不同车辆型号、信号系统制式的线路分别制定各线路非正常行车操作细则。

正确答案:√

【试题解析】

《城市轨道交通行车组织管理办法》第三十七条对行车组织规则作出了具体规定。

"第三十七条　……运营单位应根据本办法制定本单位的行车组织规则,特别应对不同车辆型号、信号系统制式的线路分别制定各线路非正常行车操作细则。"

故此说法正确。

230.依据《城市轨道交通行车组织管理办法》,城市轨道交通运营单位应建立行车指标统计分析制度,对行车计划持续改进和优化。

正确答案:√

【试题解析】

《城市轨道交通行车组织管理办法》第四条对行车指标统计分析制度作出了具体规定。

"第四条　……运营单位应建立行车指标统计分析制度,对行车计划持续改进和优化。"

故此说法正确。

231.依据《城市轨道交通行车组织管理办法》,城市轨道交通行车调度命令除了由行车调度人员发布外,还可以由其他行车岗位发布。

正确答案:×

【试题解析】

《城市轨道交通行车组织管理办法》(交运规〔2019〕14号)第九条对城市轨道交通行车调度命令发布作出了具体规定。

"第九条 行车调度命令是指挥列车运行的命令(运行揭示调度命令除外)和口头指示,只能由行车调度人员发布。行车各相关岗位人员必须服从指挥,严格执行行车调度命令。……"

故此说法错误。

232.依据《城市轨道交通行车组织管理办法》,城市轨道交通每日运营开始前,行车调度人员确认具备条件后,地面或高架线路应安排空驶列车限速轧道,地下线路可不安排轧道。

正确答案:×

【试题解析】

《城市轨道交通行车组织管理办法》第十一条对车限速轧道作出了具体规定。

"第十一条 ……行车调度人员确认具备条件后,原则上应安排空驶列车限速轧道。确认线路安全后,方可开始运营。"

故此说法错误。

233.依据《城市轨道交通行车组织管理办法》,城市轨道交通驾驶员、车站行车人员等发现可能危及行车安全或运营秩序的情况时,应及时向行车调度人员报告;遇突发严重危及行车安全的情况,可先行采取紧急安全防护措施,再报告行车调度人员。

正确答案:√

【试题解析】

《城市轨道交通行车组织管理办法》第十八条对可能危及行车安全或运营秩序的情况作出了具体规定。

"第十八条 发生突发情况,行车调度人员应及时发布调度命令,在保证行车安全的前提下尽可能维持列车运行。驾驶员、车站行车人员等发现可能危及行车安全或运营秩序的情况时,应及时向行车调度人员报告;遇突发严重危及行车安全的情况,可先行采取紧急安全防护措施,再报告行车调度人员。"

故此说法正确。

234.依据《城市轨道交通行车组织管理办法》,城市轨道交通列车 ATP 失效时,驾驶员应在到达前方车站后立即报告行车调度人员。

正确答案:×

【试题解析】

《城市轨道交通行车组织管理办法》第二十二条对城市轨道交通列车 ATP 失效后处置

作出了具体规定。

"第二十二条 列车 ATP 失效时,驾驶员应及时报告行车调度人员。行车调度人员原则上应组织列车在就近车站清客后退出服务,确需继续载客运行至终点站的,应与前方列车至少间隔一个区间并限速运行。"

故此说法错误。

235.依据《城市轨道交通行车组织管理办法》,城市轨道交通列车发生挤岔时严禁擅自动车,行车调度人员应通知设备维修人员现场确认安全,具备动车条件后方可组织该列车动车。

正确答案:√

【试题解析】

《城市轨道交通行车组织管理办法》第二十七条对城市轨道交通列车发生挤岔时作出了具体规定。

"第二十七条 ……列车发生挤岔时严禁擅自动车,行车调度人员应通知设备维修人员现场确认安全,具备动车条件后方可组织该列车动车。"

故此说法正确。

236.依据《城市轨道交通行车组织管理办法》,移动闭塞法及准移动闭塞法的行车凭证均为车载允许信号,列车按照信号系统给定的移动授权信息运行。

正确答案:√

【试题解析】

《城市轨道交通行车组织管理办法》第十条对移动闭塞法及准移动闭塞法作出了具体规定。

"第十条 ……移动闭塞法及准移动闭塞法的行车凭证均为车载允许信号,列车按照信号系统给定的移动授权信息运行,控制列车安全运行间隔和行驶速度。……"

故此说法正确。

237.依据《城市轨道交通行车组织管理办法》,进路闭塞法的行车凭证是区间两端车站行车电话发出的电话记录。

正确答案:×

【试题解析】

《城市轨道交通行车组织管理办法》第十条对进路闭塞法作出了具体规定。

"第十条 ……进路闭塞法的行车凭证为地面信号机显示的允许信号,列车运行间隔为进路始端信号机至相邻下一架顺向信号机,一条进路内两个相邻信号机间只允许一列车占用(列车救援时除外)。……"

故此说法错误。

238.依据《城市轨道交通行车组织管理办法》,电话闭塞法启用前应确认列车停妥,基本掌握实施电话闭塞区域内列车位置且进路准备妥当。

正确答案:×

【试题解析】

《城市轨道交通行车组织管理办法》第十条对电话闭塞法作出了具体规定。

"第十条 ……电话闭塞法是当上述更高级别的行车闭塞法不能使用时,由区间两端车站利用站间行车电话以发出电话记录号码的方式办理闭塞的一种方法,启用前应确认所有列车停妥,准确掌握实施电话闭塞区域内所有列车位置且进路准备妥当;电话闭塞法应使用纸质行车凭证,一站一区间或车辆基地至相邻车站只允许一列车占用(列车救援时除外);启用电话闭塞法时,首列车运行速度不应高于25km/h。"

故此说法错误。

239.依据《城市轨道交通行车组织管理办法》,启用电话闭塞法时,首列车运行速度不应高于25km/h。

正确答案:√

【试题解析】

《城市轨道交通行车组织管理办法》第十条对启用电话闭塞法时,首列车运行速度作出了具体规定。

"第十七条 ……启用电话闭塞法时,首列车运行速度不应高于25km/h。"

故此说法正确。

240.依据《城市轨道交通行车组织管理办法》,运营单位应配备酒精检测等设备,有条件的可配备毒品检测设备,在出勤时通过检测、问询等方式对驾驶员状态进行检查。

正确答案:√

【试题解析】

《城市轨道交通行车组织管理办法》第十二条对驾驶员状态进行检查作出了具体规定。

"第十二条 ……运营单位应配备酒精检测等设备,有条件的可配备毒品检测设备,在出勤时通过检测、问询等方式对驾驶员状态进行检查。……"

故此说法正确。

241.依据《城市轨道交通行车组织管理办法》,驾驶员在列车起动前,应通过目视或其他技术手段确认车门及站台门关闭,且两门之间间隙处无夹人夹物。

正确答案:√

【试题解析】

《城市轨道交通行车组织管理办法》第十二条对驾驶员在列车起动前做出了具体规定。

"第十二条 ……车进站时,驾驶员应确认列车在车站指定位置停稳后方可开启车门及站台门;车门与站台门的关闭时间应相匹配,驾驶员在列车起动前,应通过目视或其他技术手段确认车门及站台门关闭,且两门之间间隙处无夹人夹物。"

故此说法正确。

242.依据《城市轨道交通行车组织管理办法》,两条线路列车相互跨行时,一般不使用同一条联络线组织双向跨行。

正确答案:√

【试题解析】

《城市轨道交通行车组织管理办法》第十五条对两条线路列车相互跨行时作出了具体规定。

"第十五条　……两条线路列车相互跨行时,一般不使用同一条联络线组织双向跨行。……"

故此说法正确。

243.依据《城市轨道交通行车组织管理办法》,运营期间正线、辅助线发生设备故障,施工人员经车站人员同意即可进入抢修区间。

正确答案:×

【试题解析】

《城市轨道交通行车组织管理办法》第十九条对运营期间正线、辅助线发生设备故障时作出了具体规定。

"第十九条　运营期间正线、辅助线发生设备故障,确需进入行车区域、动用行车设备及进行影响行车施工的,由行车调度人员向各单位发布抢修命令。……施工人员经行车调度人员同意后方可进入抢修区间,并根据抢修人员要求封锁抢修区间或通过信号系统设置防护,无法通过信号系统防护时,设置红闪灯进行防护。"

故此说法错误。

244.依据《城市轨道交通行车组织管理办法》,组织单线双向行车时,行车调度人员应在确认线路空闲且进路准备妥当后,方可发布反方向运行命令,并需做好运行列车与对向列车的间隔控制。

正确答案:√

【试题解析】

《城市轨道交通行车组织管理办法》第二十五条对组织单线双向行车作出了具体规定。

"第二十五条　……组织单线双向行车时,行车调度人员应在确认线路空闲且进路准备妥当后,方可发布反方向运行命令,并需做好运行列车与对向列车的间隔控制。……"

故此说法正确。

245.依据《城市轨道交通行车组织管理办法》,正线列车因故障无法动车时,行车调度人员应及时组织其他列车实施连挂救援,原则上救援列车应使用调试列车。

正确答案:×

【试题解析】

《城市轨道交通行车组织管理办法》第二十六条对正线列车因故障无法动车时,行车调度人员应采取的措施作出了具体规定。

"第二十六条　正线列车因故障无法动车时,行车调度人员应及时组织其他列车实施连挂救援,原则上救援列车应使用空驶列车。……"

故此说法错误。

246.依据《城市轨道交通行车组织管理办法》,救援列车接近故障列车时应停车,与故障列车联系确认后进行连挂,连挂时运行速度不应超过 10km/h。

正确答案:×

【试题解析】

《城市轨道交通行车组织管理办法》第二十六条对救援列车接近故障列车以及连挂时运行速度作出了具体规定。

"第二十六条　救援列车接近故障列车时应停车,与故障列车联系确认后进行连挂,连挂时运行速度不应超过 5km/h;连挂后两列车均为空驶的,推进运行速度不应超过 30km/h,牵引运行速度不应超过 45km/h;任一列车载客的,运行速度不应超过 25km/h。"

故此说法错误。

247.依据《城市轨道交通行车组织管理办法》,不得使用工程车救援载客列车。

正确答案:√

【试题解析】

《城市轨道交通行车组织管理办法》第二十六条对是否使用工程车救援载客列车作出了具体规定。

"第二十六条　……不得使用工程车救援载客列车。……"

故此说法正确。

248.依据《城市轨道交通行车组织管理办法》,线路出现道岔故障且通过终端操作、现场检查确认等手段仍无法消除的,行车调度人员应优先组织车站行车人员将道岔钩锁到正确位置。

正确答案:×

【试题解析】

《城市轨道交通行车组织管理办法》第二十七条对线路出现道岔故障时作出了具体规定。

"第二十七条　线路出现道岔故障且通过终端操作、现场检查确认等手段仍无法消除的,行车调度人员应优先变更列车进路组织行车;如不能变更列车进路,行车调度人员或车站行车人员应单操单锁相关道岔;如道岔无法单操单锁,行车调度人员应组织车站行车人员将道岔钩锁到正确位置。"

故此说法错误。

249.依据《城市轨道交通行车组织管理办法》,发现有明显震感时,行车相关人员可视情况采取加强瞭望、限速、停运、封站等应急处置措施。

正确答案：√

【试题解析】

《城市轨道交通行车组织管理办法》第三十一条对发现有明显震感时作出了具体规定。

"第三十一条　发现有明显震感时,行车相关人员可视情况采取加强瞭望、限速、停运、封站等应急处置措施。……"

故此说法正确。

250.依据《城市轨道交通行车组织管理办法》,因降雨、内涝等造成车站进水,严重影响客运服务的,行车调度人员可根据车站申请发布封站命令,组织列车越站。

正确答案：√

【试题解析】

《城市轨道交通行车组织管理办法》第三十二条第三款对因降雨、内涝等造成车站进水,严重影响客运服务的情况作出了具体规定。

"第三十二条　……

"……

"(三)因降雨、内涝等造成车站进水,严重影响客运服务的,行车调度人员可根据车站申请发布封站命令,组织列车越站。线路积水超过轨面时,列车不得通过。

"……"

故此说法正确。

251.依据《城市轨道交通行车组织管理办法》,线路积水超过轨面时,列车不得通过。

正确答案：√

【试题解析】

《城市轨道交通行车组织管理办法》第三十二条第三款对线路积水超过轨面时,列车是否可通行作出了具体规定。

"第三十二条　……

"……

"……线路积水超过轨面时,列车不得通过。"

故此说法正确。

252.依据《城市轨道交通客运组织与服务管理办法》(交运规〔2019〕15号),城市轨道交通列车退出运营前,应对车内进行巡视,确认无乘客滞留后退出运营。末班车驶离车站后并播放关站广播后即可关闭车站。

正确答案：×

【试题解析】

《城市轨道交通客运组织与服务管理办法》第十二条对列车退出运营以及关闭车站时作出了具体规定。

"第十二条　……列车退出运营前,应对车内进行巡视,确认无乘客滞留后退出运营。

车站关闭前,应对车站进行巡视,播放关站广播,确认无乘客滞留与物品遗留后关闭车站。"

故此说法错误。

253. 依据《城市轨道交通客运组织与服务管理办法》(交运规〔2019〕15 号),城市轨道交通车站公共区域施工作业一般应安排在非运营时间进行。确需在运营时间进行的,运营单位应采取划定隔离区域、围蔽、工作人员现场盯控等安全防护措施,加强客流疏导,对乘客做好解释说明。

正确答案:√

【试题解析】

《城市轨道交通客运组织与服务管理办法》第十六条对车站公共区域施工作业作出了具体规定。

"第十六条　车站公共区域施工作业一般应安排在非运营时间进行。确需在运营时间进行的,运营单位应采取划定隔离区域、围蔽、工作人员现场盯控等安全防护措施,加强客流疏导,对乘客做好解释说明。……"

故此说法正确。

254. 依据《城市轨道交通客运组织与服务管理办法》(交运规〔2019〕15 号),城市轨道交通运营单位应根据车站规模、客流特点、设备设施布局、岗位设置等,制定工作日、节假日、重要活动以及突发事件的车站客运组织方案与应急预案,换乘站还应制定共管换乘站协同客运组织方案与应急预案,做到"一站一方案",并根据车站实际客流变化情况及时修订完善。

正确答案:√

【试题解析】

《城市轨道交通客运组织与服务管理办法》第九条对车站客运组织方案与应急预案作出了具体规定。

"第九条　运营单位应根据车站规模、客流特点、设备设施布局、岗位设置等,制定工作日、节假日、重要活动以及突发事件的车站客运组织方案与应急预案,换乘站还应制定共管换乘站协同客运组织方案与应急预案,做到'一站一方案',并根据车站实际客流变化情况及时修订完善。"

故此说法正确。

255. 依据《城市轨道交通客运组织与服务管理办法》(交运规〔2019〕15 号),城市轨道交通运营单位应当持续监测客流情况,科学编制列车运行计划,在线路设计能力范围内合理安排运力,不断满足客流需求,当预判站台客流聚集超过预警值、可能危及安全时,应当实施单线级客流控制。

正确答案:×

【试题解析】

《城市轨道交通客运组织与服务管理办法》第十五条对预判站台客流聚集超过预警值时

应当采取的控制措施作出了具体规定。

"第十五条　运营单位应当持续监测客流情况,科学编制列车运行计划,在线路设计能力范围内合理安排运力,不断满足客流需求。……预判站台客流聚集超过预警值、可能危及安全时,应当实施单站级客流控制。……"

故此说法错误。

256. 依据《城市轨道交通客运组织与服务管理办法》(交运规〔2019〕15 号),车站工作人员应在每日运营前对车站客运设施设备进行检查,应在当日首班车自始发站发出前完成准备工作。

正确答案:×

【试题解析】

《城市轨道交通客运组织与服务管理办法》第十二条第一款对车站工作人员应在每日运营前对车站客运设施设备进行检查的时间作出了具体规定。

"第十二条　车站工作人员应在每日运营前,对车站客运设施设备进行检查,应在首班车到站前完成准备工作,开启所有出入口、换乘通道和自动扶梯、电梯。

"……"

故此说法错误。

257. 依据《城市轨道交通客运组织与服务管理办法》(交运规〔2019〕15 号),常态化采取客流控制措施的,车站应公布采取客流控制措施的日期、时段等信息。

正确答案:√

【试题解析】

《城市轨道交通客运组织与服务管理办法》第十五条第三款对常态化采取客流控制措施作出了具体规定。

"第十五条　……

"……

"……常态化采取客流控制措施的,车站应公布采取客流控制措施的日期、时段等信息,并对客流控制措施的实施效果持续进行评估,可以取消的,应及时取消。"

故此说法正确。

258. 依据《城市轨道交通客运组织与服务管理办法》(交运规〔2019〕15 号),突发情况的列车越站,驾驶员应至少提前一站告知车内乘客。

正确答案:×

【试题解析】

《城市轨道交通客运组织与服务管理办法》第十七条对列车越站作出了具体规定。

"第十七条　非突发情况的列车越站,驾驶员应至少提前一站告知车内乘客,车站工作人员应通过站内广播告知车站乘客。……"

故此说法错误。

259. 依据《城市轨道交通客运组织与服务管理办法》（交运规〔2019〕15 号），城市轨道交通运营单位应与出入口属地,连通的物业、商铺,客运枢纽等相关单位明确车站管辖界线和安全管理责任。

正确答案：√

【试题解析】

《城市轨道交通客运组织与服务管理办法》第七条对作出了具体规定。

"第七条　运营单位应与出入口属地,连通的物业、商铺,客运枢纽等相关单位明确车站管辖界线和安全管理责任。……"

故此说法正确。

260. 依据《城市轨道交通客运组织与服务管理办法》（交运规〔2019〕15 号），城市轨道交通运营单位应以方便行车组织为导向建立客运、维保等业务工作协调机制。

正确答案：×

【试题解析】

《城市轨道交通客运组织与服务管理办法》第十条对运营单位应以服务乘客安全出行为导向作出了具体规定。

"第十条　运营单位应以服务乘客安全出行为导向建立客运、行车、维保等业务工作协调机制,根据客流变化优化客运、行车、维保方案,不断满足客流需要。"

故此说法错误。

261. 依据《城市轨道交通客运组织与服务管理办法》（交运规〔2019〕15 号），车站客流流线设置、设施设备布局等应综合考虑反恐防范、安检、治安防范和消防安全需要。

正确答案：√

【试题解析】

《城市轨道交通客运组织与服务管理办法》第十一条对车站客流流线设置、设施设备布局作出了具体规定。

"第十一条　……车站客流流线设置、设施设备布局等应综合考虑反恐防范、安检、治安防范和消防安全需要。……"

故此说法正确。

262. 依据《城市轨道交通客运组织与服务管理办法》（交运规〔2019〕15 号），列车停站起动前,行车调度人员应密切监测车门和站台门的开闭状态,防止夹人夹物动车。

正确答案：×

【试题解析】

《城市轨道交通客运组织与服务管理办法》第十四条对作出了具体规定。

"第十四条　车站站台服务人员应维护站台候车及上下车秩序,查看车门和站台门的开闭状态,防止夹人夹物动车。……"

故此说法错误。

263.依据《城市轨道交通客运组织与服务管理办法》(交运规〔2019〕15号),列车因故在车站停留时,列车车门、站台门应处于关闭状态。

正确答案:×

【试题解析】

《城市轨道交通客运组织与服务管理办法》第十七条对列车因故在车站停留时,列车车门、站台门所处状态作出了具体规定。

"第十七条　……列车因故在车站停留时,列车车门、站台门应处于开启状态,列车和车站通过广播告知车内、车站乘客。"

故此说法错误。

264.依据《城市轨道交通客运组织与服务管理办法》(交运规〔2019〕15号),车站内或出入口乘客聚集可能造成客流对冲等情况时,可调整自动扶梯运行方向或暂时关闭自动扶梯,危及乘客安全时,可暂时关闭出入口。

正确答案:√

【试题解析】

《城市轨道交通客运组织与服务管理办法》第十八条对车站内或出入口乘客聚集可能造成客流对冲等情况时作出了具体规定。

"第十八条　……站内或出入口乘客聚集可能造成客流对冲等情况时,可调整自动扶梯运行方向或暂时关闭自动扶梯,危及乘客安全时,可暂时关闭出入口。"

故此说法正确。

265.依据《城市轨道交通客运组织与服务管理办法》(交运规〔2019〕15号),自动扶梯发生故障时,应在自动扶梯出入口放置警示标志、安全提示等,指引乘客小心使用。

正确答案:×

【试题解析】

《城市轨道交通客运组织与服务管理办法》第二十三条对动扶梯发生故障时作出了具体规定。

"第二十三条　自动扶梯发生故障时,应立即停止使用,在自动扶梯出入口放置安全护栏、警示标志等,引导乘客使用其他自动扶梯或者楼梯。"

故此说法错误。

266.依据《城市轨道交通客运组织与服务管理办法》(交运规〔2019〕15号),紧急疏散时,车站自动检票机阻挡装置应全部处于释放状态。

正确答案:√

【试题解析】

《城市轨道交通客运组织与服务管理办法》第二十四条对作出了具体规定。

"第二十四条　……紧急疏散时,车站自动检票机阻挡装置应全部处于释放状态。"

故此说法正确。

267.依据《城市轨道交通客运组织与服务管理办法》(交运规〔2019〕15号),站台门发生故障无法关闭时,应放置警示标志、安全提示等标志标识,做好安全防护。

正确答案:×

【试题解析】

《城市轨道交通客运组织与服务管理办法》第二十五条对作出了具体规定。

"第二十五条 站台门发生故障无法关闭时,应安排专人值守,做好安全防护;无法打开时,应通过列车广播、标识或其他方式告知乘客,引导乘客从其他站台门下车。……"

故此说法错误。

268.依据《城市轨道交通客运组织与服务管理办法》(交运规〔2019〕15号),站台门发生大面积故障的,驾驶员应及时报告行车调度人员采取越站等应急措施。

正确答案:√

【试题解析】

《城市轨道交通客运组织与服务管理办法》第二十五条对站台门发生大面积故障时作出了具体规定。

"第二十五条 ……站台门发生大面积故障的,驾驶员应及时报告行车调度人员采取越站等应急措施,车站服务人员通过广播及时告知乘客,维护候车秩序。"

故此说法正确。

269.依据《城市轨道交通客运组织与服务管理办法》(交运规〔2019〕15号),列车区间疏散时,应通过车内广播准确、清晰告知乘客疏散方向,车站工作人员应在端门处引导乘客疏散。

正确答案:×

【试题解析】

《城市轨道交通客运组织与服务管理办法》第二十六条对列车区间疏散时工作人员应采取的措施作出了具体规定。

"第二十六条 ……列车区间疏散时,应通过车内广播准确、清晰告知乘客疏散方向,车站工作人员应进入轨行区引导客流快速疏散;车站可采取暂停进入车站等措施防止乘客进站,并及时告知乘客。"

故此说法错误。

270.依据《城市轨道交通设施设备运行维护管理办法》,城市轨道交通运营单位应组织编制各类设备的操作手册,操作手册的发布、修订及废止经本部门审核同意即可实施。

正确答案:×

【试题解析】

《城市轨道交通设施设备运行维护管理办法》第十二条对编制设施设备维护规程作出了具体规定。

"第十二条 运营单位应组织编制设施设备维护规程。维护规程的发布、修订、废止等应经充分技术论证后方可实施。……"

故此说法错误。

271. 依据《城市轨道交通设施设备运行维护管理办法》,城市轨道交通运营单位认为有必要、确需在运营阶段增设在线监测设备的,可自行加装,但加装的设备不得影响设施设备正常运行。

正确答案:×

【试题解析】

《城市轨道交通设施设备运行维护管理办法》第九条对在运营阶段增设在线监测设备作出了具体规定。

"第九条 运营单位认为有必要、确需在运营阶段增设在线监测设备的,应经过充分论证、评审后加装,但加装的设备不得影响设施设备正常运行。"

故此说法错误。

272. 依据《城市轨道交通设施设备运行维护管理办法》,对于车辆、供电、信号等涉及行车安全的关键设备,到达使用年限的应及时更新。未经充分技术评估论证,不能确保运行安全的,不得延期使用。

正确答案:√

【试题解析】

《城市轨道交通设施设备运行维护管理办法》第十九条对车辆、供电、信号等涉及行车安全的关键设备,到达使用年限的作出了具体规定。

"第十九条 ……对于车辆、供电、信号等涉及行车安全的关键设备,到达使用年限的应及时更新。未经充分技术评估论证,不能确保运行安全的,不得延期使用。……"

故此说法正确。

273. 依据《城市轨道交通设施设备运行维护管理办法》,城市轨道交通运营单位委托外单位开展设施设备运行维护服务工作,委外服务可以免除或减轻运营单位应当承担的主体责任。

正确答案:×

【试题解析】

《城市轨道交通设施设备运行维护管理办法》第二十五条对委外服务作出了具体规定。

"第二十五条 ……委外服务不免除或减轻运营单位应当承担的主体责任,委外服务商依据委外服务合同承担相应责任。……"

故此说法错误。

274. 依据《城市轨道交通设施设备运行维护管理办法》,对跨城市运营的城市轨道交通线路,由运营单位所在地的城市轨道交通运营主管部门负责设施设备运行维护的监督管理工作。

正确答案:×

【试题解析】

《城市轨道交通设施设备运行维护管理办法》第四条对跨城市运营的城市轨道交通线路作出了具体规定。

"第四条 对跨城市运营的城市轨道交通线路,由线路所在城市的城市轨道交通运营主管部门按职责协商组织开展设施设备运行维护的监督管理工作。"

故此说法错误。

275.依据《城市轨道交通设施设备运行维护管理办法》,运营单位应密切监控设施设备运行状态,对于设备异常情况报警,应进行分级分类,及时检查确认并处理。

正确答案:√

【试题解析】

《城市轨道交通设施设备运行维护管理办法》第七条对设施设备运行状态监控作出了具体规定。

"第七条 运营单位应密切监控设施设备运行状态,对于设备异常情况报警,应进行分级分类,及时检查确认并处理。……"

故此说法正确。

276.依据《城市轨道交通设施设备运行维护管理办法》,对于城市轨道交通关键设施设备运行过程中暴露出来的软件安全隐患或缺陷,运营单位应及时开展自查,必要时可以组织供应商升级修复。

正确答案:×

【试题解析】

《城市轨道交通设施设备运行维护管理办法》第二十二条对关键设施设备运行过程中暴露出来的软件安全隐患或缺陷作出了具体规定。

"第二十二条 对于关键设施设备运行过程中暴露出来的软件安全隐患或缺陷,运营单位应及时组织供应商升级修复。……"

故此说法错误。

277.依据《城市轨道交通设施设备运行维护管理办法》,外单位在投入运营的城市轨道交通线路轨行区施工时,运营单位应安排专人旁站监督。

正确答案:√

【试题解析】

《城市轨道交通设施设备运行维护管理办法》第十四条对外单位进行施工作业时作出了具体规定。

"第十四条 由外单位进行施工作业的,运营单位应加强安全管理,由运营单位办理相关施工手续后,方可进行施工。"

故此说法正确。

278.依据《城市轨道交通设施设备运行维护管理办法》,针对桥梁主体结构变形坍塌风险,相关岗位巡查制度以及监测、养护规程中制定的风险管控措施应对桥梁进行巡查,钢桥、钢混组合桥梁、钢混混合桥梁巡查频率不低于1次/2月。

正确答案:×

【试题解析】

《城市轨道交通设施设备运行维护管理办法》第八条对钢桥、钢混组合桥梁、钢混混合桥梁巡查频率作出了具体规定。

"第八条　……

"(一)桥梁。混凝土桥梁巡查频率不应低于1次/3月,钢桥、钢混组合桥梁、钢混混合桥梁巡查频率不应低于1次/月。桥梁墩台基础沉降与梁体竖向变形等在交付运营后的第一年内监测频率不应低于1次/6月,第二、三年监测频率不应低于1次/年,第三年之后频率不应低于1次/3年。……"

故此说法错误。

279.依据《城市轨道交通设施设备运行维护管理办法》,对于新购置的城市轨道交通列车,运营单位可视情开展动态功能测试。

正确答案:×

【试题解析】

《城市轨道交通设施设备运行维护管理办法》第二十条对新购置列车作出了具体规定。

"第二十条　……新购置列车均应开展动态功能测试,测试应先在试车线进行,并做好安全防护措施。……"

故此说法错误。

280.依据《城市轨道交通设施设备运行维护管理办法》,城市轨道交通信号系统整体更新应在运营时段进行,运营单位应实施全过程监控管理。

正确答案:×

【试题解析】

《城市轨道交通设施设备运行维护管理办法》第二十一条对信号系统整体更新作出了具体规定。

"第二十一条　……信号系统整体更新应在非运营时段进行,运营单位应实施全过程监控管理,确保既有信号系统在过渡期间正常运行,并对设备的安装工艺和标准进行卡控。……"

故此说法错误。

281.依据《城市轨道交通运营突发事件应急演练管理办法》(交运规〔2019〕9号),城市轨道交通运营单位综合应急预案实战演练每年至少组织一次,专项应急预案实战演练每3年至少组织一次。

正确答案：×

【试题解析】

《城市轨道交通运营突发事件应急演练管理办法》第十条对作出了具体规定。

"第十条 运营单位综合应急预案演练应依托专项应急预案，每半年至少组织一次实战演练，重点检验运营单位各部门、应急救援组织及相关单位间的协同联动机制。……运营单位每半年至少组织一次专项应急预案演练。每个专项应急预案每3年至少演练一次。……"

故此说法错误。

282.依据《城市轨道交通运营突发事件应急演练管理办法》（交运规〔2019〕9号），鼓励运营单位在收车阶段开展列车降级运行演练；在运营结束后开展列车区间阻塞、列车火灾、车站火灾、站台门及车门故障等演练。

正确答案：√

【试题解析】

《城市轨道交通运营突发事件应急演练管理办法》第十一条对应急演练内容作出了具体规定。

"第十一条 ……鼓励运营单位在收车阶段开展列车降级运行演练；在运营结束后开展列车区间阻塞、列车火灾、车站火灾、站台门及车门故障等演练。"

故此说法正确。

283.依据《城市轨道交通运营突发事件应急演练管理办法》（交运规〔2019〕9号），运营单位不能开展可能对社会公众和正常运营造成影响的演练。

正确答案：×

【试题解析】

《城市轨道交通运营突发事件应急演练管理办法》第十二条对应急演练内容作出了具体规定。

"第十二条 ……涉及可能对社会公众和正常运营造成影响的演练，运营单位要提前评估，落实安全防护措施，并提前对外发布宣传告知信息。"

故此说法错误。

284.依据《城市轨道交通运营突发事件应急演练管理办法》（交运规〔2019〕9号），鼓励邀请"常乘客"、志愿者等社会公众参与应急演练，对参与应急演练的社会公众，应提供必要的培训和安全防护。

正确答案：√

【试题解析】

《城市轨道交通运营突发事件应急演练管理办法》第十三条对应急演练方式作出了具体规定。

"第十三条 鼓励邀请'常乘客'、志愿者等社会公众参与应急演练，对参与应急演练的社会公众,应提供必要的培训和安全防护。"

故此说法正确。

285.依据《城市轨道交通运营突发事件应急演练管理办法》(交运规〔2019〕9 号),城市轨道交通演练组织部门应当建立应急演练档案库,以电子文档等方式妥善保存演练工作计划、实施方案、记录材料、评估报告等资料。

正确答案:√

【试题解析】

《城市轨道交通运营突发事件应急演练管理办法》第二十条对应急演练内容作出了具体规定。

"第二十条　演练组织部门应当建立应急演练档案库,以电子文档等方式妥善保存演练工作计划、实施方案、记录材料、评估报告等资料。"

故此说法正确。

286.依据《城市轨道交通运营突发事件应急演练管理办法》(交运规〔2019〕9 号),演练评估内容应包括演练准备、组织与实施的效果、演练主要经验、演练中发现的问题和意见建议等,重点包括应急预案是否科学、联动组织是否高效、人员操作是否熟练、应急保障是否充分等。

正确答案:√

【试题解析】

《城市轨道交通运营突发事件应急演练管理办法》第十八条对应急演练评估机制作出了具体规定。

"第十八条　演练评估内容应包括演练准备、组织与实施的效果、演练主要经验、演练中发现的问题和意见建议等,重点包括应急预案是否科学、联动组织是否高效、人员操作是否熟练、应急保障是否充分等。"

故此说法正确。

287.依据《城市轨道交通运营突发事件应急演练管理办法》(交运规〔2019〕9 号),运营单位综合和专项年度应急演练计划应在确定后的 30 个工作日内报城市轨道交通运营主管部门。

正确答案:×

【试题解析】

《城市轨道交通运营突发事件应急演练管理办法》第十条第三款对运营单位综合和专项年度应急演练计划的报备时间作出了具体规定。

"第十条　……

"……运营单位综合和专项年度应急演练计划应在确定后的 20 个工作日内报城市轨道交通运营主管部门。"

故此说法错误。

288.依据《城市轨道交通运营突发事件应急演练管理办法》(交运规〔2019〕9号),运营单位每个班组每年应将有关的现场处置方案至少全部演练一次。

正确答案:√

【试题解析】

《城市轨道交通运营突发事件应急演练管理办法》(交运规〔2019〕9号)第十一条对应急演练频率作出了具体规定。

"第十一条 ……现场处置方案演练应纳入日常工作常态化开展,每个班组每年应将有关的现场处置方案至少全部演练一次,不同现场处置方案的演练可合并开展。……"

故此说法正确。

289.依据《城市轨道交通运营突发事件应急演练管理办法》(交运规〔2019〕9号),对演练评估报告中发现的问题,涉及应急处置机制、作业标准、操作规程和管理规定等有缺陷的,应在6个月内修订完善相关预案和制度。

正确答案:×

【试题解析】

《城市轨道交通运营突发事件应急演练管理办法》第十九条对应急演练评估机制作出了具体规定。

"第十九条 演练组织部门应将评估报告向参演人员和相关单位公布,反馈演练中发现的问题并及时整改。涉及应急处置机制、作业标准、操作规程和管理规定等有缺陷的,应在3个月内修订完善相关预案和制度。……"

故此说法错误。

290.依据《城市轨道交通运营突发事件应急演练管理办法》(交运规〔2019〕9号),城市轨道交通运营单位必须制定应对列车脱轨、火灾和突发大客流三个场景的专项应急预案。

正确答案:√

【试题解析】

《城市轨道交通运营突发事件应急演练管理办法》第七条对专项应急预案涵盖的重点内容作出了具体规定。

"第七条 ……专项应急预案应至少涵盖以下重点内容,并开展演练:

"(一)列车脱轨、撞击、冲突、挤岔。

"……

"(五)突发大客流、客伤。

"(六)列车、车站公共区、区间及主要设备房等区域火灾。

"……"

故此说法正确。

291.依据《城市轨道交通运营突发事件应急演练管理办法》(交运规〔2019〕9号),运营单位综合应急预案、专项应急预案应报城市轨道交通运营主管部门备案。

正确答案:√

【试题解析】

《城市轨道交通运营突发事件应急演练管理办法》第五条对应急预案备案作出了具体规定。

"第五条 ……城市轨道交通运营单位(以下简称运营单位)应建立城市轨道交通运营突发事件综合应急预案、专项应急预案和现场处置方案。运营单位综合应急预案、专项应急预案应报城市轨道交通运营主管部门备案。……"

故此说法正确。

292. 依据《城市轨道交通运营突发事件应急演练管理办法》(交运规〔2019〕9 号),道岔失表不是行车值班员现场处置方案的内容。

正确答案:×

【试题解析】

《城市轨道交通运营突发事件应急演练管理办法》第八条第四款对道岔失表的现场处置方案作出了具体规定。

"第八条 ……关键岗位的现场处置方案应至少涵盖以下重点内容,并开展经常性演练:……(四)行车值班员:非正常情况下的行车进路办理、列车接发作业、道岔失表、车站乘客疏散、抢修作业办理、火灾、客伤等。……"

故此说法错误。

293. 依据《城市轨道交通运营突发事件应急演练管理办法》(交运规〔2019〕9 号),城市轨道交通运营单位应当每年至少组织一次专项应急预案演练。

正确答案:×

【试题解析】

《城市轨道交通运营突发事件应急演练管理办法》第十条对专项应急预案演练频率作出了具体规定。

"第十条 ……运营单位每半年至少组织一次专项应急预案演练。……"

故此说法错误。

294. 依据《城市轨道交通运营突发事件应急演练管理办法》(交运规〔2019〕9 号),城市轨道交通运营单位的专项应急预案演练应当在 5 年内全部覆盖。

正确答案:×

【试题解析】

《城市轨道交通运营突发事件应急演练管理办法》第十条对应急演练频率作出了具体规定。

"第十条 ……每个专项应急预案每 3 年至少演练一次。……"

故此说法错误。

295. 依据《城市轨道交通运营险性事件信息报告与分析管理办法》(交运规〔2019〕10

号),电梯轿厢滞留人员 90min(含)以上时,属于电梯和自动扶梯重大故障。

正确答案:√

【试题解析】

《城市轨道交通运营险性事件信息报告与分析管理办法》附件对电梯和自动扶梯重大故障作出了具体规定。

"附件 13.电梯和自动扶梯重大故障

"……

"注:电梯和自动扶梯重大故障是指载客电梯运行中发生冲顶、坠落,或电梯轿厢滞留人员 90min(含)以上,自动扶梯发生逆行、溜梯。"

故此说法正确。

296.依据《城市轨道交通运营险性事件信息报告与分析管理办法》(交运规〔2019〕10号),造成人员死亡的事件不属于运营险性事件。

正确答案:×

【试题解析】

《城市轨道交通运营险性事件信息报告与分析管理办法》附件中对险性事件内容作出了具体规定。

"附件 16.造成人员死亡、重伤、3 人(含)以上轻伤,以及正线连续中断行车 1h(含)以上的其他运营事件

"……

"注:中断行车是指线路中有 2 个及以上车站或区间发生单向行车中断。"

故此说法错误。

297.依据《城市轨道交通运营险性事件信息报告与分析管理办法》(交运规〔2019〕10号),城市轨道交通运营单位应按季度对本单位城市轨道交通运营险性事件的发生情况、发生原因、发展趋势、变化规律,以及既往运营险性事件整改及防范措施实施效果等进行总结评估,形成书面报告并及时报送至城市轨道交通运营主管部门。

正确答案:×

【试题解析】

《城市轨道交通运营险性事件信息报告与分析管理办法》第十条对险性事件技术分析内容作出了具体规定。

"第十条 运营单位应按年度对本单位城市轨道交通运营险性事件的发生情况、发生原因、发展趋势、变化规律,以及既往运营险性事件整改及防范措施实施效果等进行总结评估,形成书面报告并及时报送至城市轨道交通运营主管部门。……"

故此说法错误。

298.依据《城市轨道交通运营险性事件信息报告与分析管理办法》(交运规〔2019〕10号),对城市轨道交通运营险性事件处置的新进展、新情况应及时续报。

正确答案:√

【试题解析】

《城市轨道交通运营险性事件信息报告与分析管理办法》第六条对险性事件报告流程作出了具体规定。

"第六条　……对运营险性事件处置的新进展、新情况应及时续报。"

故此说法正确。

299.依据《城市轨道交通运营险性事件信息报告与分析管理办法》(交运规〔2019〕10号),城市轨道交通运营单位应组织设备供应商及相关责任单位对运营险性事件开展技术分析,并在运营险性事件发生之日起30个工作日内形成分析报告。

正确答案:×

【试题解析】

《城市轨道交通运营险性事件信息报告与分析管理办法》第七条对险性事件技术分析要求作出了具体规定。

"第七条　运营单位应组织设备供应商以及相关责任单位对运营险性事件开展技术分析,并在运营险性事件发生之日起30日内形成分析报告。……"

故此说法错误。

300.依据《城市轨道交通初期运营前安全评估管理暂行办法》(交运规〔2019〕1号),城市轨道交通工程项目符合前提条件,开展初期运营前安全评估的,由城市轨道交通建设单位会同运营单位提交相关材料,其中包括工程项目防洪涝等抗灾设防论证材料。

正确答案:√

【试题解析】

《城市轨道交通初期运营前安全评估管理暂行办法》第八条对开展初期运营前安全评估的提交材料作出了具体规定。

"第八条　城市轨道交通工程项目符合上述前提条件,开展初期运营前安全评估的,由城市轨道交通建设单位(以下简称建设单位)会同运营单位提交下列材料:

"……

"(三)特种设备验收、消防验收、人防验收、卫生评价、档案验收等专项验收文件,工程质量验收监督意见,以及建设单位编制的环保验收报告;……"

故此说法正确。

301.依据《城市轨道交通初期运营前安全评估管理暂行办法》(交运规〔2019〕1号),建设单位、运营单位应当配合做好安全评估工作,及时报告有关情况,提供相应文档资料,并对报告情况和提供资料的真实性负责。

正确答案:√

【试题解析】

《城市轨道交通初期运营前安全评估管理暂行办法》第十三条对建设单位、运营单位在安全评估工作中的责任作出了具体规定。

"第十三条　建设单位、运营单位应当配合做好安全评估工作,及时报告有关情况,提供相应文档资料,并对报告情况和提供资料的真实性负责。"

故此说法正确。

302.依据《城市轨道交通初期运营前安全评估管理暂行办法》(交运规〔2019〕1号),对初期运营前安全评估发现的问题,建设单位要会同运营单位制定整改方案,明确整改计划和措施。

正确答案:√

【试题解析】

《城市轨道交通初期运营前安全评估管理暂行办法》第十四条第二款对初期运营前安全评估发现的问题作出了具体规定。

"第十四条　……

"……

"对初期运营前安全评估发现的问题,建设单位要会同运营单位制定整改方案,明确整改计划和措施。"

故此说法正确。

303.依据《城市轨道交通初期运营前安全评估管理暂行办法》(交运规〔2019〕1号),完成试运行后并在初期运营前安全评估前,运营单位与建设单位正式签订运营接管协议。

正确答案:×

【试题解析】

《城市轨道交通初期运营前安全评估管理暂行办法》第十五条对作出了具体规定。

"第十五条　通过初期运营前安全评估并且发现的问题整改到位后,城市轨道交通运营主管部门依法向城市人民政府报告评估情况并申请办理初期运营手续,运营单位与建设单位签订运营接管协议,正式接管线路调度指挥权、设备使用权、属地管理权,并向社会公告开通时间和运营安排。"

故此说法错误。

304.依据《城市轨道交通初期运营前安全评估管理暂行办法》(交运规〔2019〕1号),任何部门、单位和个人不得干预第三方安全评估机构的评估活动。

正确答案:√

【试题解析】

《城市轨道交通初期运营前安全评估管理暂行办法》第二十条对第三方安全评估机构作出了具体规定。

"第二十条　任何部门、单位和个人不得干预第三方安全评估机构的评估活动。"

故此说法正确。

305.依据《城市轨道交通正式运营前和运营期间安全评估管理暂行办法》(交运规

〔2019〕1号），开展城市轨道交通正式运营前安全评估前，对运营服务影响较小的甩项工程，可暂缓完成。

正确答案：×

【试题解析】

《城市轨道交通正式运营前和运营期间安全评估管理暂行办法》第七条对规模较小、较简单的甩项工程作出了具体规定。

"第七条　规模较小、较简单的甩项工程完工并验收合格后，可不开展初期运营前安全评估，直接随工程项目开展正式运营前安全评估。"

故此说法错误。

306.依据《城市轨道交通正式运营前和运营期间安全评估管理暂行办法》（交运规〔2019〕16号），通过正式运营前安全评估后，城市轨道交通运营单位应当与建设单位办理固定资产移交手续，包括经批复的竣工财务决算。

正确答案：√

【试题解析】

《城市轨道交通正式运营前和运营期间安全评估管理暂行办法》第十二条对通过正式运营前安全评估后固定资产移交手续作出了具体规定。

"第十二条　……通过正式运营前安全评估后，城市轨道交通运营单位应当与建设单位办理固定资产移交手续，包括经批复的竣工财务决算。……"

故此说法正确。

307.依据《城市轨道交通正式运营前和运营期间安全评估管理暂行办法》（交运规〔2019〕16号），办法实施前城市轨道交通线路已办理竣工财务决算的，即视同正式运营。

正确答案：×

【试题解析】

《城市轨道交通正式运营前和运营期间安全评估管理暂行办法》第二十六条对正式运营作出了具体规定。

"第二十六条　本办法实施前线路已办理竣工财务决算和固定资产移交手续的，视同正式运营。"

故此说法错误。

308.依据《城市轨道交通正式运营前和运营期间安全评估管理暂行办法》（交运规〔2019〕16号），受客观条件等限制难以完成的甩项工程，应进行充分论证，在确保原设计的安全和基本服务功能不缺失，安全性能和基本服务能力指标不降低的前提下，方可变更设计并履行手续。

正确答案：√

【试题解析】

《城市轨道交通正式运营前和运营期间安全评估管理暂行办法》第七条对受客观条件等

限制难以完成的甩项工程作出了具体规定。

"第七条 ……受客观条件等限制难以完成的甩项工程,应进行充分论证,在确保原设计的安全和基本服务功能不缺失,安全性能和基本服务能力指标不降低的前提下,方可变更设计并履行手续。甩项工程影响运营安全或涉及其他部门职责的重大问题,以及延期、设计变更情况应及时向城市人民政府报告。"

故此说法正确。

309. 依据《城市轨道交通正式运营前和运营期间安全评估管理暂行办法》(交运规〔2019〕16号),规模较大、较复杂的甩项工程完工验收合格并通过初期运营前安全评估后,应当按照技术要求对相应内容开展正式运营前安全评估。

正确答案:√

【试题解析】

《城市轨道交通正式运营前和运营期间安全评估管理暂行办法》第七条对规模较大、较复杂的甩项工程作出了具体规定。

"第七条 ……规模较大、较复杂的甩项工程完工验收合格并通过初期运营前安全评估后,应当按照技术要求对相应内容开展正式运营前安全评估。"

故此说法正确。

310. 依据《城市轨道交通正式运营前和运营期间安全评估管理暂行办法》(交运规〔2019〕16号),规模较小、较简单的甩项工程完工并验收合格后,可不开展初期运营前安全评估,直接随工程项目开展正式运营前安全评估;也可在通过初期运营前安全评估投入使用后,不受初期运营满1年的时间限制,随工程项目一并开展正式运营前安全评估。

正确答案:√

【试题解析】

《城市轨道交通正式运营前和运营期间安全评估管理暂行办法》(交运规〔2019〕16号)第七条对规模较小、较简单的甩项工程作出了具体规定。

"第七条 ……规模较小、较简单的甩项工程完工并验收合格后,可不开展初期运营前安全评估,直接随工程项目开展正式运营前安全评估;也可在通过初期运营前安全评估投入使用后,不受初期运营满1年的时间限制,随工程项目一并开展正式运营前安全评估。……"

故此说法正确。

311. 依据《城市轨道交通初期运营前安全评估技术规范 第1部分:地铁和轻轨》,城市轨道交通工程在试运行的同时,应同步开展系统联调。

正确答案:×

【试题解析】

《城市轨道交通初期运营前安全评估技术规范 第1部分:地铁和轻轨》第三条对系统联调时间作出了具体规定。

"第三条 试运行前应完成系统联调。……"

故此说法错误。

312.依据《城市轨道交通初期运营前安全评估技术规范　第1部分:地铁和轻轨》,城市轨道交通影响车站客流集散的站外广场应与车站同步具备使用条件。

正确答案:√

【试题解析】

《城市轨道交通初期运营前安全评估技术规范　第1部分:地铁和轻轨》第十六条对站外广场与车站的使用条件作出了具体规定。

"第十六条　车站投入使用的出入口应与市政道路连通,当出入口朝向城市主干道时,应具有客流集散场地;当出入口台阶或坡道末端与临近的道路车行道距离小于3m时,应采取护栏或其他安全防护措施;影响车站客流集散的站外广场应与车站同步具备使用条件。"

故此说法正确。

313.依据《城市轨道交通初期运营前安全评估技术规范　第1部分:地铁和轻轨》,城市轨道交通车站出入口台阶或坡道末端与临近的道路车行道距离小于5米时,应采取护栏或其他安全防护措施。

正确答案:×

【试题解析】

《城市轨道交通初期运营前安全评估技术规范　第1部分:地铁和轻轨》第十六条对采取护栏或其他安全防护措施的条件作出了具体规定。

"第十六条　……当出入口台阶或坡道末端与邻近的道路车行道距离小于3m时,应采取护栏或其他安全防护措施;影响车站客流集散的站外广场应与车站同步具备使用条件。"

故此说法错误。

314.依据《城市轨道交通初期运营前安全评估技术规范　第1部分:地铁和轻轨》,城市轨道交通车站投入使用的出入口应与市政道路连通,当出入口朝向城市主干道时,应具有客流集散场地。

正确答案:√

【试题解析】

《城市轨道交通初期运营前安全评估技术规范　第1部分:地铁和轻轨》第十六条对车站投入使用的出入口作出了具体规定。

"第十六条　……车站投入使用的出入口应与市政道路连通,当出入口朝向城市主干道时,应具有客流集散场地;……"

故此说法正确。

315.依据《城市轨道交通初期运营前安全评估技术规范　第1部分:地铁和轻轨》,城市轨道交通应急门、端门应能向站台侧旋转180°平开,打开过程应顺畅,不受地面及其他障碍物(含盲道)的影响。

正确答案: ×

【试题解析】

《城市轨道交通初期运营前安全评估技术规范　第1部分:地铁和轻轨》第六十五条对应急门、端门旋转角度作出了具体规定。

"第六十五条　应急门、端门应能向站台侧旋转90°平开,打开过程应顺畅,不受地面及其他障碍物(含盲道)的影响。"

故此说法错误。

316. 依据《城市轨道交通初期运营前安全评估技术规范　第1部分:地铁和轻轨》(交办运〔2019〕17号),车站公共区地板应防滑,列车站台停靠时的列车驾驶员上下车立岗处应经地面防滑和防静电处理。

正确答案:√

【试题解析】

《城市轨道交通初期运营前安全评估技术规范　第1部分:地铁和轻轨》第十九条对车站公共区地板防滑作出了具体规定。

"第十九条　……车站公共区地板应防滑,列车站台停靠时的列车驾驶员上下车立岗处应经地面防滑和防静电处理。"

故此说法正确。

317. 依据《城市轨道交通初期运营前安全评估技术规范　第1部分:地铁和轻轨》(交办运〔2019〕17号),物资仓库、易燃物品库等建筑建成并具备使用条件,易燃物品库应独立设置,并按存放物品的不同性质分库设置。

正确答案:√

【试题解析】

《城市轨道交通初期运营前安全评估技术规范 第1部分:地铁和轻轨》第七十一条对物品存放作出了具体规定。

"第七十一条　……物资仓库、易燃物品库等建筑建成并具备使用条件,易燃物品库应独立设置,并按存放物品的不同性质分库设置。"

故此说法正确。

318. 依据《城市轨道交通初期运营前安全评估技术规范　第1部分:地铁和轻轨》(交办运〔2019〕17号),城市轨道交通车站紧急情况下使用的消防实施、安全应急设施、疏散通道和紧急出口,应具有齐全醒目的警示标志和使用说明。

正确答案:√

【试题解析】

《城市轨道交通初期运营前安全评估技术规范　第1部分:地铁和轻轨》第二十四条对车站紧急情况下使用的消防实施、安全应急设施、疏散通道和紧急出口作出了具体规定。

"第二十四条 车站紧急情况下使用的消防实施、安全应急设施、疏散通道和紧急出口，应具有齐全醒目的警示标志和使用说明。"

故此说法正确。

319. 依据《城市轨道交通初期运营前安全评估技术规范 第1部分：地铁和轻轨》（交办运〔2019〕17号），城市轨道交通电梯、自动扶梯与自动人行道具应具有视频监视和门防夹保护功能，可不具备语音安全提示功能。

正确答案：×

【试题解析】

《城市轨道交通初期运营前安全评估技术规范 第1部分：地铁和轻轨》第五十九条对电梯、自动扶梯与自动人行道具作出了具体规定。

"第五十九条 电梯、自动扶梯与自动人行道具有语音安全提示功能、电梯具有视频监视和门防夹保护功能，以及电梯的车站控制室、轿厢、控制柜或机房之间具备三方通话功能。"

故此说法错误。

320. 依据《城市轨道交通正式运营前安全评估规范 第1部分：地铁和轻轨》（交办运〔2019〕83号），城市轨道交通运营单位应具有月度和年度设施设备运行分析报告，内容涵盖设备主要故障或设施主要病害损伤发生次数、设备平均无故障运行时间和故障发生率、主要故障或病害损伤发生原因、处理过程、整改措施等。

正确答案：√

【试题解析】

《城市轨道交通正式运营前安全评估规范 第1部分：地铁和轻轨》第三十八条对设施设备运行分析报告作出了具体规定。

"第三十八条 运营单位应具有月度和年度设施设备运行分析报告，内容涵盖设备主要故障或设施主要病害损伤发生次数、设备平均无故障运行时间和故障发生率、主要故障或病害损伤发生原因、处理过程、整改措施等。……"

故此说法正确。

321. 依据《城市轨道交通正式运营前安全评估规范 第1部分：地铁和轻轨》（交办运〔2019〕83号），汛期或恶劣天气预警时，应对车站顶面、屋面、高出墙体墙面的装饰及附属悬挂物等进行普查与紧固。

正确答案：√

【试题解析】

《城市轨道交通正式运营前安全评估规范 第1部分：地铁和轻轨》第四十八条对汛期或恶劣天气预警时车站顶面、屋面、高出墙体墙面的装饰及附属悬挂物等要求作出了具体规定。

"第四十八条 ……

(2)汛期或恶劣天气预警时，应对车站顶面、屋面、高出墙体墙面的装饰及附属悬挂物等进行普查与紧固。……"

故此说法正确。

322.依据《城市轨道交通正式运营前安全评估规范　第1部分:城铁和轻轨》(交办运〔2019〕83号),为有效管控车站淹水倒灌风险,车站沙袋、挡板等防汛设施应保持状态完好。

正确答案:√

【试题解析】

《城市轨道交通正式运营前安全评估规范　第1部分:地铁和轻轨》"第四十九条针对车站淹水倒灌风险作出了具体规定。"

"第四十九条　1.针对车站淹水倒灌风险,在相关岗位巡查、养护规程中制定的风险管控措施应落实下列要求:

(1)车站应满足防淹要求,必要时应加高或设置防洪、防涝设施;

(2)车站沙袋、挡板等防汛设施状态完好;……"

故此说法正确。

323.依据《城市轨道交通正式运营前安全评估规范　第1部分:地铁和轻轨》(交办运〔2019〕83号),正式运营前安全评估开展前最后3个月全天运营时间不应低于15h,统计指标应符合相关规定,其中上一年度服务质量评价得分在750分以上。

正确答案:×

【试题解析】

《城市轨道交通正式运营前安全评估规范　第1部分:地铁和轻轨》第七条对正式运营前安全评估的统计指标作出了具体规定。

"第七条　正式运营前安全评估开展前最后3个月全天运营时间不应低于15h,统计指标应符合以下规定:

"(一)列车运行图兑现率不低于99.5%;

"(二)列车正点率不低于99%;

"(三)列车服务可靠度不低于20万列公里/次;

"(四)列车退出正线运行故障率不高于0.4次/万列公里;

"(五)上一年度服务质量评价得分在700分以上。

"……"

故此说法错误。

324.依据《城市轨道交通正式运营前安全评估规范　第1部分:地铁和轻轨》(交办运〔2019〕83号),车站客运组织方案应做到"一站一方案"。

正确答案:√

【试题解析】

《城市轨道交通正式运营前安全评估规范　第1部分:地铁和轻轨》第二十五条对车站客运组织方案作出了具体规定。

"第二十五条　车站客运组织方案应做到'一站一方案'。……"

故此说法正确。

325.依据《城市轨道交通正式运营前安全评估规范　第1部分:地铁和轻轨》(交办运〔2019〕83号),城市轨道交通运营单位不得擅自减弱、变更信号系统中涉及行车安全的硬件及软件设备配置,安全接口不应修改;必须变更和修改时,应对变更或修改部分进行论证。

正确答案:√

【试题解析】

《城市轨道交通正式运营前安全评估规范　第1部分:地铁和轻轨》第七十一条对信号系统中涉及行车安全的硬件及软件设备配置作出了具体规定。

"第七十一条　不得擅自减弱、变更信号系统中涉及行车安全的硬件及软件设备配置,安全接口不应修改;必须变更和修改时,应对变更或修改部分进行论证。……"

故此说法正确。

326.依据《城市轨道交通正式运营前安全评估规范　第1部分:地铁和轻轨》(交办运〔2019〕83号),城市轨道交通行车调度命令发布前应确认现场情况和行车设备状况。

正确答案:√

【试题解析】

《城市轨道交通正式运营前安全评估规范 第1部分:地铁和轻轨》第十六条对调度命令发布作出了具体规定。

"第十六条　……

"……

"(3)调度命令发布前应确认现场情况和行车设备状况,可听取有关人员的意见;……"

故此说法正确。

327.依据《城市轨道交通正式运营前安全评估规范　第1部分:地铁和轻轨》(交办运〔2019〕83号),城市轨道交通车站站长等车站客运人员应掌握车站容纳能力、客流峰值等技术客流数据,了解不同时期、不同季节、不同时间车站客流变化趋势。

正确答案:√

【试题解析】

《城市轨道交通正式运营前安全评估规范　第1部分:地铁和轻轨》第二十八条对车站站长等车站客运人员应掌握技能作出了具体规定。

"第二十八条　车站站长等车站客运人员应掌握车站容纳能力、客流峰值等技术客流数据,了解不同时期、不同季节、不同时间车站客流变化趋势。"

故此说法正确。

328.依据《城市轨道交通运营期间安全评估规范》(交办运〔2019〕84号),网络化运营安全评估包括线网控制中心功能评估、线网应急能力评估、换乘站客流匹配评估。

正确答案:√

【试题解析】

《城市轨道交通运营期间安全评估规范》第六条对网络化运营安全评估内容作出了具体规定。

"第六条 网络化运营安全评估包括线网控制中心功能评估、线网应急能力评估、换乘站客流匹配评估。"

故此说法正确。

329. 依据《城市轨道交通运营期间安全评估规范》(交办运〔2019〕84 号),运营单位应建立与交通运输、公安、气象、卫生、供电、通信等部门或单位的联络工作机制,联络工作机制运转有效。

正确答案:√

【试题解析】

《城市轨道交通运营期间安全评估规范》第七条对线网控制中心功能评估作出了具体规定。

"第七条 ……

"……

"(五)查阅对外联络联系记录或者联合应急演练记录,应建立与交通运输、公安、气象、卫生、供电、通信等部门或单位的联络工作机制,联络工作机制运转有效。"

故此说法正确。

330. 依据《城市轨道交通运营期间安全评估规范》(交办运〔2019〕84 号),城市轨道交通换乘站的换乘通道、出入口等区域管理责任界面应划分清晰,共管换乘站涉及不同运营单位的,应签订相关管理协议。

正确答案:√

【试题解析】

《城市轨道交通运营期间安全评估规范》第九条对换乘站客流匹配评估作出了具体规定。

"第九条 ……换乘站的换乘通道、出入口等区域管理责任界面划分清晰,共管换乘站涉及不同运营单位的,应签订相关管理协议,并制定应急处置协同配合预案和车站协同处置细则,车控室内宜具有直通电话,视频监控宜具备互看对方站台、通道内的能力。"

故此说法正确。

331. 依据《城市轨道交通运营期间安全评估规范》(交办运〔2019〕84 号),对三线及以上换乘站,可根据情况开展换乘站能力匹配情况进行专项论证。

正确答案:×

【试题解析】

《城市轨道交通运营期间安全评估规范》第九条对三线及以上换乘站能力匹配情况作出

了具体规定。

"第九条 ……对三线及以上换乘站,应对换乘站能力匹配情况进行专项论证;……"

故此说法错误。

332.依据《城市轨道交通信号系统运营技术规范(试行)》,城市轨道交通信号系统设备安装应牢固可靠,车载设备不得超出设备限界,地面设备不得侵入建筑限界;轨行区设备应采取避免对作业和疏散人员造成伤害、防止设备被损坏的保护措施。

正确答案:×

【试题解析】

《城市轨道交通信号系统运营技术规范(试行)》第3.5条对信号系统设备安装作出了具体规定。

"3.5 信号系统设备安装应牢固可靠,车载设备不得超出车辆限界,地面设备不得侵入设备限界;轨行区设备应采取避免对作业和疏散人员造成伤害、防止设备被损坏的保护措施。"

故此说法错误。

333.依据《城市轨道交通信号系统运营技术规范(试行)》,基于通信的列车控制(CBTC)运行级别下,城市轨道交通信号系统不需要具备站间反向运行ATP功能。

正确答案:×

【试题解析】

《城市轨道交通信号系统运营技术规范(试行)》第4.3条对信号系统作出了具体规定。

"4.3 基于通信的列车控制(CBTC)运行级别下,信号系统应具备站间反向运行ATP功能。"

故此说法错误。

334.依据《城市轨道交通信号系统运营技术规范(试行)》,城市轨道交通列车驾驶模式由低到高可分为限制人工驾驶模式(RM)、列车自动防护下的人工驾驶模式(CM)和自动驾驶模式(AM),全自动运行信号系统的列车驾驶模式还应具备全自动运行模式(FAM)。

正确答案:√

【试题解析】

《城市轨道交通信号系统运营技术规范(试行)》第4.4条对城市轨道交通列车驾驶模式作出了具体规定。

"4.4 列车驾驶模式由低到高可分为限制人工驾驶模式(RM)、列车自动防护下的人工驾驶模式(CM)和自动驾驶模式(AM),全自动运行信号系统的列车驾驶模式还应具备全自动运行模式(FAM)。……"

故此说法正确。

335.依据《城市轨道交通信号系统运营技术规范(试行)》,城市轨道交通列车驾驶模式由低向高转换时,必须停车进行人工转换,转换为 FAM 模式时可不通过人工确认。

正确答案:×

【试题解析】

《城市轨道交通信号系统运营技术规范(试行)》第 4.4 条对列车驾驶模式由低向高转换作出了具体规定。

"4.4 ……列车驾驶模式由低向高转换时宜不停车自动转换,转换为 FAM 模式时应通过人工确认。"

故此说法错误。

336. 依据《城市轨道交通信号系统运营技术规范(试行)》,城市轨道交通信号系统应具备故障分级报警功能,报警等级按照对列车运行影响程度从高到低分为四级,其中二级报警是指发车指示器故障、维护监测设备故障、工作站故障等不影响行车的报警。

正确答案:×

【试题解析】

《城市轨道交通信号系统运营技术规范(试行)》第 3.10 条对城市轨道交通信号系统的故障分级报警功能作出了具体规定。

"3.10 信号系统应具备故障分级报警功能,报警信息至少包括等级、设备、时间、地点、内容、原因,报警等级按照对列车运行影响程度从高到低分为四级:

"……

"(2)二级报警是指 ATP、ATS、CI 子系统冗余失效,ATS 子系统与外部系统接口故障、通信单网、电源单路等可能影响行车的报警,并具有声音提示;

"……"

故此说法错误。

337. 依据《城市轨道交通信号系统运营技术规范(试行)》,城市轨道交通车载 ATP 设备连续运行时长应不小于 24h,当车载 ATP 设备需要中断运行自检时,应至少提前 60min 在车载信号、ATS 子系统和 MSS 子系统人机界面上进行提示。

正确答案:×

【试题解析】

《城市轨道交通信号系统运营技术规范(试行)》第 4.5 条对车载 ATP 设备作出了具体规定。

"4.5 车载 ATP 设备连续运行时长应不小于 48h,当车载 ATP 设备需要中断运行自检时,应至少提前 30min 在车载信号、ATS 子系统和 MSS 子系统人机界面上进行提示。"

故此说法错误。

338. 依据《城市轨道交通信号系统运营技术规范(试行)》,城市轨道交通信号系统软件(含数据)、硬件升级改造前应根据影响分析完成实验室和现场测试并具有完整的测试分析报告,内容至少包含安全性、兼容性、缺陷回归等项目,并覆盖影响列车运行的主要路径。

正确答案：×

【试题解析】

《城市轨道交通信号系统运营技术规范(试行)》第3.12条对信号系统软件(含数据)、硬件升级改造作出了具体规定。

"3.12 信号系统软件(含数据)、硬件升级改造前应根据影响分析完成实验室和现场测试并具有完整的测试分析报告,内容至少包含安全性、兼容性、缺陷回归等项目,并覆盖影响列车运行的全部路径。"

故此说法错误。

339.依据《城市轨道交通信号系统运营技术规范(试行)》,ATO 目标速度是信号系统计算的保证列车不可超过的速度。

正确答案：×

【试题解析】

《城市轨道交通信号系统运营技术规范(试行)》第2.4条对 ATP 顶篷速度作出了具体规定。

"2.4 ATP 子系统保证列车不可超过的速度。"

故此说法错误。

340.根据《城市轨道交通信号系统运营技术规范(试行)》,信号系统涉及行车安全的新技术、新设备及电路设计应用,应经过运用实践并证实安全可靠。

正确答案：√

【试题解析】

《城市轨道交通信号系统运营技术规范(试行)》第3.1条对信号系统运用实践作出了具体规定。

"3.11 信号系统涉及行车安全的新技术、新设备及电路设计应用,应经过运用实践并证实安全可靠。"

故此说法正确。

341.根据《城市轨道交通信号系统运营技术规范(试行)》,信号系统车辆基地计算机联锁子系统宜与正线保持一致,便于备件通用。

正确答案：√

【试题解析】

《城市轨道交通信号系统运营技术规范(试行)》第7.3条对车辆基地 CI 子系统作出了具体规定。

"7.3 车辆基地 CI 子系统宜与正线保持一致,便于备件通用。"

故此说法正确。

342.根据《城市轨道交通自动售检票系统运营技术规范(试行)》,城市轨道交通自动售检票清分子系统是用于监控和管理城市轨道交通单线路或多线路自动售检票系统的计算机系统。

正确答案：×

【试题解析】

《城市轨道交通自动售检票系统运营技术规范（试行）》第2.2条对线路子系统作出了具体规定。

"2.2 用于监控和管理城市轨道交通单线路或多线路自动售检票系统的计算机系统。"

故此说法错误。

343.根据《城市轨道交通自动售检票系统运营技术规范（试行）》,城市轨道交通自动售检票系统的车站终端设备主要用于售票、检票、退票、补票、充值等交易处理。

正确答案：√

【试题解析】

《城市轨道交通自动售检票系统运营技术规范（试行）》第2.4条对车站终端设备作出了具体规定。

"2.4 用于售票、检票、退票、补票、充值等交易处理的车站设备,主要包括售票设备和检票设备。"

故此说法正确。

344.根据《城市轨道交通自动售检票系统运营技术规范（试行）》,城市轨道交通自动售检票系统的关键设备宜冗余设置,重要数据应手动备份。

正确答案：×

【试题解析】

《城市轨道交通自动售检票系统运营技术规范（试行）》第3.8条对自动售检票系统数据安全作出了具体规定。

"3.8 自动售检票系统的关键设备应冗余设置,重要数据应自动备份。"

故此说法错误。

345.根据《城市轨道交通自动售检票系统运营技术规范（试行）》,城市轨道交通自动售检票系统应具备故障分级报警功能,故障报警等级按照对运营的影响程度从高到低分为四级。

正确答案：×

【试题解析】

《城市轨道交通自动售检票系统运营技术规范（试行）》第3.11条对自动售检票系统应用软件要求作出了具体规定。

"3.11 自动售检票系统应具备故障分级报警功能,故障报警等级按照对运营的影响程度从高到低分为三级。"

故此说法错误。

346.根据《城市轨道交通运营应急能力建设基本要求》,城市轨道交通车站与所在地的街道、公安等宜建立应急联动机制,制定应急联动方案。

正确答案:√

【试题解析】

《城市轨道交通运营应急能力建设基本要求》(JT/T 1409—2022)第 4.5 条对应急处置机构作出了具体规定。

"4.5　城市轨道交通车站与所在地街道、公安等宜建立应急联动机制,制定应急联动方案。"

故此说法正确。

347. 根据《城市轨道交通运营应急能力建设基本要求》,城市轨道交通达到网络化运营条件时,运营单位应设置具备线网协调能力的机构,负责城市轨道交通运营突发事件应急处置中网络化资源调配。

正确答案:√

【试题解析】

《城市轨道交通运营应急能力建设基本要求》(JT/T 1409—2022)第 4.8 条对运营突发事件应急处置中网络化资源调配作出了具体规定。

"4.8　城市轨道交通达到网络化运营条件时,运营单位应设置具备线网协调能力的机构,负责城市轨道交通运营突发事件应急处置中网络化资源调配。……"

故此说法正确。

348. 根据《城市轨道交通运营应急能力建设基本要求》,市轨道交通运营单位线网应急指挥中心应实行 24h 值班制度。

正确答案:√

【试题解析】

《城市轨道交通运营应急能力建设基本要求》(JT/T 1409—2022)第 8.1.2 条对运营单位线网应急指挥中心工作时间作出了具体规定。

"8.1.2　运营单位线网应急指挥中心应实行 24h 值班。"

故此说法正确。

349. 根据《城市轨道交通运营应急能力建设基本要求》,实战演练是指按照演练目标确定的标准,在现实工作场景或模拟工作设备搭建的工作场景下,通过实际操作的方式开展的应急训练。

正确答案:√

【试题解析】

《城市轨道交通运营应急能力建设基本要求》(JT/T 1409—2022)第 3.8 条对实战演练作出了具体规定。

"3.8　实战演练:按照演练目标确定的标准,在现实工作场景或模拟工作设备搭建的工作场景下,通过实际操作的方式开展的应急训练。"

故此说法正确。

350. 根据《城市轨道交通运营应急能力建设基本要求》,每年汛期开始前应针对防淹措施开展专项隐患排查。

正确答案:√

【试题解析】

《城市轨道交通运营应急能力建设基本要求》(JT/T 1409—2022)第9.1.3条对防淹措施开展专项隐患排查作出了具体规定。

"9.1.3 ……每年汛期开始前应针对防淹措施开展专项隐患排查。"

故此说法正确。

351.根据《交通运输企业安全生产标准化建设基本规范 第15部分:城市轨道交通运营企业》,单轨列车的客室车门应配备缓降装置,列车应能实现纵向救援和横向救援。

正确答案:√

【试题解析】

《交通运输企业安全生产标准化建设基本规范 第15部分:城市轨道交通运营企业》(JT/T 1180.15—2018)第6.1.2.6条对单轨列车安全生产标准化建设作出了具体规定。

"6.1.2.6 单轨列车的客室车门应配备缓降装置;列车应能实现纵向救援和横向救援。"

故此说法正确。

352.根据《交通运输企业安全生产标准化建设基本规范 第15部分:城市轨道交通运营企业》,城市轨道交通车辆、车站站台、站厅、自动扶梯、自动人行道、楼梯(口)、车站附属用房内走道等疏散通道及安全出口、区间隧道等部位应设置应急疏散照明和疏散指示标志。

正确答案:√

【试题解析】

《交通运输企业安全生产标准化建设基本规范 第15部分:城市轨道交通运营企业》(JT/T 1180.15—2018)第6.1.1.5条对疏散通道及安全出口、区间隧道等部位的照明与指示标志作出了具体规定。

"3.5 车辆、车站站台、站厅、自动扶梯、自动人行道、楼梯(口)、车站附属用房内走道等疏散通道及安全出口、区间隧道等部位应设置应急疏散照明和疏散指示标志。"

故此说法正确。

353.根据《交通运输企业安全生产标准化建设基本规范 第15部分:城市轨道交通运营企业》,城市轨道交通应每隔2个区间隧道轨道区设置到达一个站台的疏散楼梯;道床面作为疏散通道,应平整、连续、无障碍物;高架区间利用道床作应急疏散通道时,列车应具备应急疏散条件和相应设施。

正确答案:×

【试题解析】

《交通运输企业安全生产标准化建设基本规范 第15部分:城市轨道交通运营企业》(JT/T 1180.15—2018)第6.1.1.6条对城市轨道交通每个区间隧道轨道区、道床面、高架区间的疏散功能作出了具体规定。

"6.1.1.6　城市轨道交通每个区间隧道轨道区均应设置到达站台的疏散楼梯;道床面作为疏散通道,应平整、连续、无障碍物;高架区间利用道床作应急疏散通道时,列车应具备应急疏散条件和相应设施。"

故此说法错误。

354.根据《交通运输企业安全生产标准化建设基本规范　第 15 部分:城市轨道交通运营企业》,城市轨道交通运营单位应对作业人员的上岗资格、条件等进行作业前的安全检查,做到特种作业人员持证上岗,并安排专人进行现场安全管理,确保作业人员遵守岗位操作规程和落实安全防护措施。

正确答案:√

【试题解析】

《交通运输企业安全生产标准化建设基本规范 第 15 部分:城市轨道交通运营企业》(JT/T 1180.15—2018)第 6.3.1.3 条对作业人员遵守岗位操作规程和落实安全防护措施作出了具体规定。

"6.3.1.3　应对作业人员的上岗资格、条件等进行作业前的安全检查,做到特种作业人员持证上岗,并安排专人进行现场安全管理,确保作业人员遵守岗位操作规程和落实安全防护措施。"

故此说法正确。

355.依据《国务院办公厅关于保障城市轨道交通安全运行的意见》(国办发〔2018〕13号),城市轨道交通运营单位要建立完备的应急预案体系,编制应急预案操作手册,明确应对处置各类突发事件的现场操作规范、工作流程等。

正确答案:√

【试题解析】

《国务院办公厅关于保障城市轨道交通安全运行的意见》第六条第十三款对完善应急预案体系作出了具体规定。

"(十三)完善应急预案体系。……运营单位要建立完备的应急预案体系,编制应急预案操作手册,明确应对处置各类突发事件的现场操作规范、工作流程等,并立足实战加强站区一线人员培训,定期组织开展应急合成演练。"

故此说法正确。

356.依据《城市轨道交通运营管理规定》(中华人民共和国交通运输部令 2018 年第 8号),地面、高架线路沿线建(构)筑物或者植物妨碍行车瞭望、侵入限界的,由城市轨道交通运营主管部门责令相关责任人和单位限期改正、消除影响;逾期未改正的,可以对个人处以5000 元以下的罚款,对单位处以 3 万元以下的罚款。

正确答案:√

【试题解析】

《城市轨道交通运营管理规定》第五十二条对保护区管理作出了具体规定。

"第五十二条　违反本规定第三十二条,有下列行为之一,由城市轨道交通运营主管部门责令相关责任人和单位限期改正、消除影响;逾期未改正的,可以对个人处以5000元以下的罚款,对单位处以3万元以下的罚款:

(一)高架线路桥下的空间使用可能危害运营安全的;

(二)地面、高架线路沿线建(构)筑物或者植物妨碍行车瞭望、侵入限界的。"

故此说法正确。

357.依据《城市轨道交通设施设备运行维护管理办法》,城市轨道交通更新改造过程中,运营单位应在更新改造前对其安全性、可靠性、可维护性等进行充分评估。

正确答案:√

【试题解析】

《城市轨道交通设施设备运行维护管理办法》第二十四条对设施设备更新改造作出了具体规定。

"第二十四条 更新改造过程中,轨道、车辆、供电、通信、信号等关键设施设备的主要部件批量采用新技术、新材料或新产品的,运营单位应在更新改造前对其安全性、可靠性、可维护性等进行充分评估,并小范围试用不少于3个月,确认满足设施设备功能要求后方可逐步推广应用。"

故此说法正确。

358.依据《城市轨道交通设施设备运行维护管理办法》,城市轨道交通软件升级前,运营单位应要求供应商在实验室进行充分实验,并进行技术交底。升级时应组织供应商共同做好安全防护。

正确答案:√

【试题解析】

《城市轨道交通设施设备运行维护管理办法》第二十二条对城市轨道交通软件升级作出了具体规定。

"第二十二条 软件升级前,运营单位应要求供应商在实验室进行充分实验,并进行技术交底。升级时应组织供应商共同做好安全防护。"

故此说法正确。

359.依据《城市轨道交通正式运营前和运营期间安全评估管理暂行办法》(交运规〔2019〕16号),对于发生一般及以上运营突发事件的线路,或信号系统、车辆等关键设备更新改造完成后投入使用前,可按照初期运营前安全评估、正式运营前安全评估有关要求和项目,对相关线路、设施设备开展针对性安全评估。

正确答案:√

【试题解析】

《城市轨道交通正式运营前和运营期间管理暂行办法》第二十条对相关线路、设施设备开展针对性安全评估作出了具体规定。

"第二十条 根据第三方安全评估意见建议或者发生下列情形的,城市轨道交通运营主管部门可按照初期运营前安全评估、正式运营前安全评估有关要求和项目,对相关线路、设

施设备开展针对性安全评估:

"(一)发生一般及以上运营突发事件的线路;

"(二)信号系统、车辆等关键设备更新改造完成后投入使用前的;

"(三)其他需要开展的情形。"

故此说法正确。

360. 依据《城市轨道交通正式运营前安全评估规范　第 1 部分:地铁和轻轨》,城市轨道交通正线常规钢轨探伤频率不低于 1 次/2 月,车辆基地常规钢轨探伤不低于 1 次/年。

正确答案:√

【试题解析】

《城市轨道交通正式运营前安全评估规范　第 1 部分:地铁和轻轨》第五十二条对钢轨伤损风险作出了具体规定。

"第五十二条

"1. 针对钢轨伤损风险,在相关岗位巡查、探伤、养护规程中制定的风险管控措施应落实下列要求:

"(1)线路巡查频率不低于 1 次/周,轨距、水平、高低、三角坑等静态几何尺寸监测频率不低于 1 次/3 月。

"(2)正线常规钢轨探伤频率不低于 1 次/2 月;车辆基地常规钢轨探伤频率不低于 1 次/年;铝热焊焊接接头的探伤频率不低于 1 次/半年,闪光接触焊焊接接头的探伤频率不低于 1 次/2 年;常规探伤连续两个周期均多发掉块、鱼鳞或出现伤损异常发展的区段,应增加探伤频率;……"

故此说法正确。

四、案例题

361. 2020 年 6 月 19 日,某市轨道交通线路发生一起弓网冲突事件。该事件因接触网定位管斜支撑与定位管连接处松脱、定位管下垂侵限所致,第三方机构检测认为接触网铝合金支撑管连接件产品结构设计存在缺陷,受线路长期低频振动影响,连接件内部螺纹产生微动磨损,最终导致其松脱,如下图所示。经查,该线路在开通前未对涉事物件进行相关检测,线路开通后也未对其进行定期检查、检测评估,在设计缺陷情况下长期缺失养护维修工作。

对于案例中涉及的城市轨道交通运营设施设备相关要求,下列描述错误的是( )。

A.运营单位应当建立健全本单位的城市轨道交通运营设施设备定期检查、检测评估、养护维修、更新改造制度和技术管理体系

B.案例中的连接件等部件不是接触网关键部件,不需要专项监视测量并进行养护维修

C.运营单位建立的设施设备定期检查、检测评估、养护维修、更新改造制度和技术管理体系不需要向城市轨道交通运营主管部门备案

D.本事件是产品设计存在缺陷导致,运营单位不用承担任何责任

E.新建城市轨道交通线路投入运营前需要开展弓网关系的联动测试

正确答案:BCD

【试题解析】

《城市轨道交通运营管理规定》第十五条规定"运营单位应当建立健全本单位的城市轨道交通运营设施设备定期检查、检测评估、养护维修、更新改造制度和技术管理体系,并报城市轨道交通运营主管部门备案。运营单位应当对设施设备进行定期检查、检测评估,及时养护维修和更新改造,并保存记录。"

"运营单位长期未对该部件进行定期检查和养护维修,应承担相应责任"

《城市轨道交通初期运营前安全评估技术规范 第1部分:地铁和轻轨》第四章系统联动测试中包含弓网关系测试。

故本题选BCD。

362.2020年5月21—22日,某市出现特大暴雨,大量水体聚集形成局地洪水,某地铁线路车站周边路面水深最大达1.85m,洪水倒灌至区间隧道,短时间内淹没近6300m隧道,积水量40.1万m³,造成线路停运22天,供电、通信、信号等行车类设备受损设备数量达7700余台套。

对于案例中涉及的车站淹水倒灌等相关问题,下列描述正确的是( )。

A.案例所述风险主要在南方,北方常年干旱的城市雨不会太大,发生重大洪涝灾害

的风险不大

　　B.如果不在汛期,新建城市轨道交通线路投入运营前,排水系统可以不与城市排水
　　　系统连通,只要在汛期前完成连通就可以了

　　C.车站出入口、风亭、消防通道、洞口、地上地下过渡段、在建线路与既有线路连接
　　　处等都是容易发生淹水倒灌的薄弱部位

　　D.案例所述事件没有造成人员伤亡,不属于运营险性事件

　　E.雨水多的地铁车站出入口建筑不应在地势低洼区域

正确答案:CE

【试题解析】

我国北方已经发生过多起城市轨道交通淹水倒灌险性事件,A错误。

《城市轨道交通初期运营前安全评估技术规范　第1部分:地铁和轻轨》第二十一条规定"车站出入口排水沟畅通,排水系统应与城市排水系统连通,出入口建筑、无障碍垂直电梯接缝应完成密封处理;雨水多地区的车站出入口建筑不应在低洼地势区域",B错误,E正确。

城市轨道交通车站出入口、风亭、消防通道、洞口、地上地下过渡段、在建线路与既有线路连接处等是淹水倒灌的易发部位,且已发生过多次运营险性事件,C正确。

《城市轨道交通运营险性事件信息报告与分析管理办法》附件"城市轨道交通主要运营险性事件清单"中包含车站、轨行区淹水倒灌,D错误。

故本题选CE。

363.2015年3月25日,某市城市轨道列车在试车线测试时冲出车辆基地,列车1~4节车辆脱轨并穿过相邻公路,列车车头受损,列车驾驶员腿部受伤,如下图所示。事件发生的主要原因是:负责调试工作的驾驶员在调试列车驾驶过程中精神状态不佳、注意力不集中,未在规定制动点及时对列车施加制动,导致列车超速冲撞车挡、脱轨。

对于案例中涉及的试车作业相关要求,下列描述正确的是(　　　　)。

　　A.只要保持安全距离,试车线同一时间可以同时允许多列车进行试车作业

　　B.试车作业开始前应对试车线进行限速轧道

C. 试车作业应按地面信号或车载信号显示运行

D. 距离尽头线阻挡信号机 20m 时,列车运行速度不应高于 15km/h,距离 5m 时必须停车

E. 遇雨雪、大雾等恶劣天气导致瞭望距离不足时,禁止办理试车作业

正确答案:BCE

【试题解析】

《城市轨道交通行车组织管理办法》第十七条规定"试车线同一时间原则上只允许一列车进行试车作业,作业开始前应对试车线进行限速轧道。试车作业应按地面信号或车载信号显示运行。距离尽头线阻挡信号机 20m 时运行速度不应高于 5km/h,距离 10m 时必须停车。遇雨雪、大雾等恶劣天气时,原则上禁止办理试车作业。"

AD 错误,故本题选 BCE。

364. 2019 年 1 月 8 日,某市城市轨道交通线路区间人防门侵限,与列车发生碰撞,造成 1 名乘客和 2 名列车驾驶员受伤,线路部分区段停运,如下图所示。事件发生的主要原因是:人防门安全锁定装置未处于工作状态,主安全锁紧装置下摇锁头未伸入锁座孔内,辅助安全装置门后拉杆处于弱连接状态,在隧道区间活塞风反复作用下脱离,导致人防门侵限,与列车发生碰撞。

对于案例中涉及的轨行区设施设备以及行车组织相关要求,下列描述正确的是(   )。

A. 声屏障、防火门、人防门、防淹门等应安装牢固

B. 运营开始前,行车调度人员确认线路具备条件后,应安排空驶列车限速轧道,确认线路安全后,方可开始运营

C. 在轨行区等重点区域由外单位进行施工作业的,运营单位应安排专人旁站监督

D. 遇突发严重危及行车安全的情况,列车驾驶员可先行采取紧急安全防护措施,再报告行车调度人员

E. 上述案例在列车全自动运行系统不会发生

正确答案:ABCD

【试题解析】

《城市轨道交通初期运营前安全评估技术规范 第 1 部分:地铁和轻轨》第二十八条规

定"对轨行区电缆、管线、射流风机等吊挂构件,声屏障、防火门、人防门、防淹门等构筑物具有安装牢固、定位锁定和防护措施是否到位的检查记录。"A 正确。

《城市轨道交通行车组织管理办法》第十一条规定"行车调度人员确认具备条件后,原则上应安排空驶列车限速轧道。确认线路安全后,方可开始运营。"

《城市轨道交通设施设备运行维护管理办法》第十四条规定"由外单位进行施工作业的,运营单位应加强安全管理,由运营单位办理相关施工手续后,方可进行施工。在轨行区等重点区域施工的,运营单位应安排专人旁站监督。"

《城市轨道交通行车组织管理办法》第十八条规定"驾驶员、车站行车人员等发现可能危及行车安全或运营秩序的情况时,应及时向行车调度人员报告;遇突发严重危及行车安全的情况,可先行采取紧急安全防护措施,再报告行车调度人员。"D 正确。

该案例全自动运行线路上也有可能发生,E 错误。

故本题选 ABCD。

365. 2021 年 3 月 4 日,某市地铁隧道被外部钻探施工击穿,钻杆探入隧道2.56m,造成线路下行区间停运约 1h43min。事件发生的直接原因是勘察单位在某大学垃圾中转站地质勘察作业实施前,未核实地铁保护区范围,擅自在保护区范围内进行勘察作业,导致地铁隧道被打穿。

对于案例中涉及的保护区相关要求,下列描述错误的是(　　　)。

A. 城市轨道交通工程项目应当按照规定划定保护区,保护区内不允许任何施工作业

B. 城市轨道交通线路开通初期运营前,建设单位应当向运营单位提供保护区平面图,并在具备条件的保护区设置提示或者警示标志

C. 在城市轨道交通保护区内进行桩基础施工、钻探作业,应当按照有关规定制定安全防护方案,经运营单位同意后,依法办理相关手续并对作业影响区域进行动态监测

D. 运营单位可以进入保护区内作业现场进行巡查,发现危及或者可能危及运营安全的情形,有权予以制止,并要求相关责任单位或者个人采取措施消除妨害

E. 城市轨道交通沿线建(构)筑物、植物可能妨碍行车瞭望或者侵入线路限界的,

责任单位应当及时采取措施消除影响

正确答案：BCDE

【试题解析】

《国务院办公厅关于保障城市轨道交通安全运行的意见》第三条第六款规定"……城市轨道交通工程项目要按照相关规定划定保护区，运营期间在保护区范围内进行有关作业要按程序征求运营单位同意后方可办理相关许可手续。"A错误。

《城市轨道交通运营管理规定》第二十九条规定"开通初期运营前，建设单位应当向运营单位提供保护区平面图，并在具备条件的保护区设置提示或者警示标志。"B正确。

《城市轨道交通运营管理规定》第三十条规定"在城市轨道交通保护区内进行下列作业的，作业单位应当按照有关规定制定安全防护方案，经运营单位同意后，依法办理相关手续并对作业影响区域进行动态监测：……（二）挖掘、爆破、地基加固、打井、基坑施工、桩基础施工、钻探、灌浆、喷锚、地下顶进作业。"C正确。

《城市轨道交通运营管理规定》第三十一条规定"运营单位有权进入作业现场进行巡查，发现危及或者可能危及城市轨道交通运营安全的情形，运营单位有权予以制止，并要求相关责任单位或者个人采取措施消除妨害；逾期未改正的，及时报告有关部门依法处理。"D正确。

《城市轨道交通运营管理规定》第三十二条规定"地面、高架线路沿线建（构）筑物或者植物不得妨碍行车瞭望，不得侵入城市轨道交通线路的限界。沿线建（构）筑物、植物可能妨碍行车瞭望或者侵入线路限界的，责任单位应当及时采取措施消除影响。"E正确。

故本题选BCDE。

366.2021年7月20日，某市地铁列车在区间行驶时遭遇涝水灌入、失电迫停，经疏散救援，共有953人安全撤出，14人死亡。根据国务院灾害调查组公布的报告，此次事件是一起由极端暴雨引发严重城市内涝，涝水冲毁停车场挡水围墙、灌入地铁隧道，地铁运营单位和有关方面应对处置不力、行车指挥调度失误，违规变更停车场设计、对挡水围墙建设质量把关不严，造成重大人员伤亡的责任事件。

对于案例中涉及的城市轨道交通工程项目管理以及应急处置等相关要求,下列描述正确的是(　　)。

A. 地铁停车场设计由建设单位和设计单位协商一致,不需要相关主管部门审批

B. 因运营突发事件、自然灾害、社会安全事件以及其他原因危及运营安全时,运营单位可以暂停部分区段或者全线网的运营

C. 因降雨、内涝等造成车站进水,严重影响客运服务的,行车调度人员可根据车站申请发布封站命令

D. 线路积水超过轨面时,列车不得通过

E. 地铁工程中的非主要部位,为加快建设进度,施工单位可采用白图施工

正确答案:BCD

【试题解析】

《建设工程勘察设计管理条例》第二十八条规定"建设工程勘察、设计文件需要作重大修改的,建设单位应当报经原审批机关批准后,方可修改。"A错误。

《城市轨道交通行车组织管理办法》第三十一条、三十二条、三十三条规定"发现有明显震感、遇恶劣天气、火灾、爆炸、毒气攻击等事件时,行车相关人员可视情况采取加强瞭望、限速、停运、封站等措施。"B正确。

《城市轨道交通行车组织管理办法》第三十二条第三款规定"因降雨、内涝等造成车站进水,严重影响客运服务的,行车调度人员可根据车站申请发布封站命令,组织列车越站。线路积水超过轨面时,列车不得通过。"CD正确。

《建设工程质量管理条例》第十一条规定"施工图设计文件未经审查批准的,不得使用"。E错误。

故本题选BCD。

367. 2022年1月22日,某市地铁全自动运行线路1名乘客被夹在车门与站台门之间,后因应急处置不当,列车起动导致乘客死亡。

对于案例中涉及的全自动运行系统线路的相关要求,下列描述正确的是(　　)。

A. 全自动运行线路由信号系统控制实现车门、站台门自动打开、关闭,并控制列车站台自动发车,在车站站台不设置站台开门、关门按钮,减少车门与站台门

的人工联动

B. 全自动运行线路站台门被隔离时,列车运行至站台后自动隔离对应的车门,对应车门不执行开关门动作

C. 全自动运行线路初期运营期间应配备具有驾驶技能的人员值守列车,全程关注列车运行状态,一旦发生列车故障或异常情况按规则及时处置

D. 全自动运行线路的运营场景和风险点与非全自动运行线路基本一致,不需要专门制定风险管控措施和应急预案

E. 对于全自动运行线路,应按复合岗位要求加强岗位职责优化,按全系统工作要求加强行车、客运、应急等规章制度修订整合

正确答案:BCE

【试题解析】

《城市轨道交通信号系统运营技术规范(试行)》第11.6条规定"支持全自动运行的信号系统,至少满足下列要求:

"……

"(4)……车站站台应设置站台开门、关门按钮,实现车门与站台门人工联动打开、关闭。

"……

"(6)……站台门发生故障或被隔离时,列车运行至站台后自动隔离对应的车门,对应车门不执行开关门动作。

"全自动运行线路配备具有驾驶技能的人员值守列车,有助于及时发现列车故障或异常情况并进行处置。

"全自动运行线路的运营场景和非全自动运行线路区别较大,人员岗位、职责、应急处置流程等均不同,应专门制定风险管控措施、应急预案,并优化整合相关管理制度。"

故本题选 BCE。

368. 2018 年 1 月 1 日,某市一列有轨电车因车辆转向架故障回库维修,在驶离车站过程中,在站前交叉渡线区域挤岔脱轨。救援过程中列车主控手柄处于牵引位,列车复轨后再次发生溜逸,影响正常运营超过 48h。

对于案例中涉及的行车组织以及列车挤岔应急处置相关要求,下列描述正确的是( )。

  A. 列车需越过防护信号机显示的禁止信号时,行车调度人员确认该线路信号机后方线路空闲后,即可发布越过禁止信号的命令

  B. 列车驾驶员在接到行车调度人员越禁止信号的命令后,应加强瞭望,确认该线路信号机后方线路空闲、道岔位置正确后,方可按规定速度越过禁止信号

  C. 有轨电车不得推进退行,牵引退行速度不应超过 15km/h

  D. 列车发生挤岔时严禁擅自动车,行车调度人员应通知设备维修人员现场确认安全,具备条件后方可组织该列车动车

  E. 运营单位专项应急预案应涵盖列车脱轨、撞击、冲突、挤岔等重点内容

正确答案:BCDE

【试题解析】

《城市轨道交通行车组织管理办法》第二十一条规定"列车需越过防护信号机显示的禁止信号时,行车调度人员应确认该信号机后方线路空闲、道岔位置正确且锁闭后,方可发布越过禁止信号的命令,首列车运行速度不应高于 25km/h。"A 错误,B 正确。

第二十四条规定"……有轨电车不得推进退行,牵引退行速度不应超过 15km/h。"C 正确。

第二十七条规定"列车发生挤岔时严禁擅自动车,行车调度人员应通知设备维修人员现场确认安全,具备动车条件后方可组织该列车动车。"D 正确。

《城市轨道交通运营突发事件应急演练管理办法》第七条规定"专项应急预案应涵盖列车脱轨、撞击、冲突、挤岔等内容,……"E 正确。

故本题选 BCDE。

369.2003 年 2 月 18 日,韩国大邱地铁列车一名乘客点燃装满汽油的塑料瓶,列车进入中央路站停车,对向列车 3min 后驶入车站,也被引燃起火。事故最终导致 198 人死亡,146 人受伤。调查发现,列车驾驶员、车站值班员以及控制中心行车调度员在应急处置时均有严重失职。

对于案例中涉及的地铁车辆设备以及火灾应急处置相关要求,下列描述正确的是( )。

    A.地铁车辆及其内部设施应使用不燃材料或无卤、低烟的阻燃材料

    B.地铁客室、驾驶室应配置便携式灭火器具,安放位置应有明显标识并便于取用

    C.列车应设置报警系统,客室内应设置乘客紧急报警装置,具备乘客向驾驶员报警的单向通信功能

    D.列车在地下或高架线路发生火灾时,驾驶员应尽量控制列车进站,并立即报告行车调度人员,行车调度人员应通知车站和驾驶员组织乘客疏散;列车不能维持进站或继续运行无法确保安全的,应立即组织区间疏散

    E.当地下和高架线路车站、区间发生火灾时,行车调度人员或车站行车人员应立即扣停可能驶入事发区域的列车;对于已经进入区间的列车,行车调度员应优先选择区间疏散,保障乘客安全

正确答案:ABD

【试题解析】

《地铁设计规范》(GB 50157—2013)第4.1.3条规定"车辆及其内部设施应使用不燃材料或无卤、低烟的阻燃材料。"A正确。

第4.7.6条规定"客室、驾驶室应配置便携式灭火器具,安放位置应有明显标识并便于取用。"B正确。

第4.7.2条规定"列车应设置报警系统,客室内应设置乘客紧急报警装置,乘客紧急报警装置应具备乘务员与乘客双向通信功能。"C错误。

《城市轨道交通行车组织管理办法》第三十三规定"地下和高架线路车站、区间发生火灾、爆炸、毒气攻击等事件时,行车调度人员或车站行车人员应立即扣停可能驶入事发区域的列车;对已进入区间的列车,行车调度人员应视情组织列车越站或退回发车站。"E错误。

"列车在地下或高架线路发生火灾、爆炸、毒气攻击等事件时,驾驶员应尽量维持列车进站,并立即报告行车调度人员,行车调度人员应通知车站和驾驶员组织乘客疏散;列车不能维持进站或继续运行无法确保安全的,应立即组织区间疏散。"D正确。

故本题选ABD。

370.2011年9月27日,某市地铁线路车站信号设备失电,部分区间采用电话闭塞方式行车过程中,列车发生追尾,组织乘客区间疏散,如下图所示。本次事件的主要原因是运营期间违规进行孔洞封堵作业,导致集中站信号设备意外失电;行车调度员在未准确定位故障区间内全部列车位置的情况下,违规发布电话闭塞行车命令;接车车站值班员在未严格确认区间线路是否空闲的情况下,违规同意发车站的电话闭塞要求,导致列车发生追尾碰撞。

对于案例中涉及的信号设备以及电话闭塞法相关要求,下列描述正确的是( )。

A. 地面 ATP、ATS 服务器、ATS 车站分机、CI 子系统、骨干网交换机、计轴等室内设备应采用两路独立的电源供电

B. 一个联锁区联锁失效时,在保证行车安全的前提下,行车调度员可对故障影响区域使用电话闭塞法组织行车

C. 启用电话闭塞法前应确认所有列车停妥,准确掌握实施电话闭塞与区内所有列车位置且进路准备妥当

D. 电话闭塞法应使用纸质行车凭证,除了列车救援外,一站一区间或车辆基地至相邻车站只允许一列车占用

E. 启用电话闭塞法时,首列车运行速度不应高于 35km/h

正确答案:ABCD

【试题解析】

《城市轨道交通信号系统运营技术规范(试行)》第 10.1 条规定"电源设备应满足地面 ATP、ATS 服务器、ATS 车站分机、CI 子系统、骨干网交换机、计轴等室内设备应采用两路独立的电源供电"A 正确。

《城市轨道交通行车组织管理办法》第二十八条规定"一个联锁区联锁失效时,在保证行车安全的前提下,行车调度人员可对故障影响区域使用电话闭塞法组织行车。"B 正确。

第十条规定"……电话闭塞法是当上述更高级别的行车闭塞法不能使用时,由区间两端车站利用站间行车电话以发出电话记录号码的方式办理闭塞的一种方法,启用前应确认所有列车停妥,准确掌握实施电话闭塞区域内所有列车位置且进路准备妥当;电话闭塞法应使用纸质行车凭证,一站一区间或车辆基地至相邻车站只允许一列车占用(列车救援时除外);启用电话闭塞法时,首列车运行速度不应高于 25km/h。"C、D 正确,E 错误。

故本题选 ABCD。

371. 2015 年 4 月 20 日,某市地铁车站一名乘客晕倒,引起站台不明情况的乘客恐慌奔

逃,与进站客流流线严重交织,慌乱中部分乘客因磕碰、擦伤或摔倒而受伤。

对于案例中涉及的车站客运组织相关要求,下列描述正确的是(　　)。

  A.车站客流流线设置、设施设备布局等应综合考虑反恐防范、安检、治安防范和消防安全需要

  B.车站工作人员应对车站出入口、站厅、站台、通道等公共区域进行巡视,巡视频率不低于每天一次,发现异常情况及时进行处理;遇客流高峰、恶劣天气、重大活动等情况,应根据需要增加巡视次数

  C.站内或出入口乘客聚集可能造成客流对冲等情况时,可调整自动扶梯运行方向或暂时关闭自动扶梯,危及乘客安全时,可暂时关闭出入口

  D.车站发生火灾、淹水倒灌、公共安全、公共卫生等突发事件时,车站工作人员应当报告行车调度部门,按照应急预案进行现场处置,必要时采取关闭出入口、疏散站内乘客、封站等措施

  E.城市轨道交通运营主管部门应制定本地城市轨道交通乘客乘车规范。乘客应遵守乘车规范,听从车站工作人员的合理指示和要求;发生突发事件需要疏散时,乘客应服从工作人员指挥和引导有序疏散

正确答案:ACDE

【试题解析】

《城市轨道交通客运组织与服务管理办法》第十一条规定"车站客流流线设置、设施设备布局等应综合考虑反恐防范、安检、治安防范和消防安全需要。"A正确

第十三条规定"车站工作人员应对车站出入口、站厅、站台、通道等公共区域进行巡视,……巡视频率不应低于每3h一次,发现异常情况及时进行处理;遇客流高峰、恶劣天气、重大活动等情况,应根据需要增加巡视次数。"B错误。

第十八条规定"……站内或出入口乘客聚集可能造成客流对冲等情况时,可调整自动扶梯运行方向或暂时关闭自动扶梯,危及乘客安全时,可暂时关闭出入口。"C正确。

第十九条规定"车站发生火灾、淹水倒灌、公共安全、公共卫生等突发事件时,车站工作人员应当报告行车调度部门,按照应急预案进行现场处置,必要时采取关闭出入口、疏散站内乘客、封站等措施。"D正确。

第三十九条规定"城市轨道交通运营主管部门应按照本章上述条款要求,结合实际制定本地城市轨道交通乘客乘车规范。乘客应遵守乘车规范,听从车站工作人员的合理指示和要求,文明有序进站、乘车,自觉维护车站和列车整洁,爱护城市轨道交通设施设备,维护良好公共秩序。拒不遵守乘车规范的,运营单位有权予以制止,制止无效的,应报有关部门依法处理。"E正确。

故本题选ACDE。

372.2019年12月31日,某市地铁线路发生区段接触网故障,导致区间列车服务中断,其他区间列车行车间隔不同程度增加,沿线多个车站实施了客流管控。

对于案例中涉及的车站客运组织相关要求,下列描述正确的是(　　　)。

  A. 车站发生突发事件时,车站工作人员应当报告行车调度部门,按照应急预案进行现场处置,必要时采取关闭出入口、疏散站内乘客、封站等措施

  B. 发生突发大客流时,客运人员应当协调行车调度人员及时增加运力进行疏导

  C. 预判线路断面客流满载率超过预警值时,应当在本线及与之换乘的线路车站实施线网级客流控制

  D. 客流控制预警值由城市轨道交通运营主管部门对本城市车站进行统一规定

  E. 常用的客流控制措施包括关停部分自动检票机、关闭自动扶梯、关闭换乘通道、单向开放或关闭出入口等

正确答案:ABCE

【试题解析】

《城市轨道交通客运组织与服务管理办法》第十九条规定"车站发生火灾、淹水倒灌、公共安全、公共卫生等突发事件时,车站工作人员应当报告行车调度部门,按照应急预案进行现场处置,必要时采取关闭出入口、疏散站内乘客、封站等措施。"A正确。

第十五条规定"运营单位应当持续监测客流情况,科学编制列车运行计划,在线路设计能力范围内合理安排运力,不断满足客流需求。发生突发大客流时,客运人员应当协调行车调度人员及时增加运力进行疏导……预判断面客流满载率超过预警值时,应当在本线及与之换乘的线路车站实施线网级客流控制。预警值由运营单位客运人员根据站台设计容纳能力、设施设备配置、客流规律等确定。……"B、C正确,D错误。

第十五条规定"……客流控制措施包括关停部分自动检票机、关闭自动扶梯、关闭换乘通道、单向开放或关闭出入口等。"E正确。

故本题选ABCE。

373. 2011年7月5日,某城市地铁车站上行自动扶梯突发设备故障开始逆转,正在搭乘的部分乘客随着电梯突然下滑,导致乘客大量摔倒踩踏,造成1人死亡,2人重伤,26人轻伤。

对于案例中涉及的自动扶梯相关要求,下列描述正确的是(　　　)。

    A. 自动扶梯属于特种设备,开展初期运营前安全评估前,应取得验收文件

    B. 当自动扶梯扶手带转向端入口处与地板形成的空间内加装语音提示或者其他装置时,不应形成可能卡夹乘客的三角空间

    C. 车站工作人员应对车站公共区域进行巡视,检查自动扶梯等设备设施状态,巡视频率不应低于每3h一次,发现异常情况及时进行处理

    D. 对于自动扶梯紧急停梯按钮等紧急操作设备,应通过粘贴警示标签、视频监控、安排巡查等方式加强防护

    E. 自动扶梯发生故障时,应停止使用,在自动扶梯出入口放置安全护栏、警示标志等,引导乘客使用其他自动扶梯或者楼梯

正确答案:ABCDE

【试题解析】

《城市轨道交通初期运营前安全评估技术规范　第1部分:地铁和轻轨》第六条规定了应具有起重设备、电(扶)梯、压力容器等特种设备验收文件,A正确。

第六十条规定"当自动扶梯扶手带转向端入口处与地板形成的空间内加装语音提示或其他装置时,不应形成可能夹卡乘客的三角空间,……"B正确。

《城市轨道交通客运组织与服务管理办法》第十三条规定"车站工作人员应对车站出入口、站厅、站台、通道等公共区域进行巡视,……巡视频率不应低于每3h一次,发现异常情况及时进行处理;遇客流高峰、恶劣天气、重大活动等情况,应根据需要增加巡视次数。"C正确。

《城市轨道交通设施设备运行维护管理办法》第十一条第四款规定"……对列车门紧急解锁装置、站台紧急停车按钮、站台门应急解锁装置以及电扶梯紧急停梯按钮等紧急操作设备,运营单位应通过粘贴警示标签、视频监控、安排巡查等方式加强防护。"D正确。

《城市轨道交通客运组织与服务管理办法》第二十三条规定"自动扶梯和电梯运行时间应当与车站运营时间同步。自动扶梯发生故障时,应立即停止使用,在自动扶梯出入口放置安全护栏、警示标志等,引导乘客使用其他自动扶梯或者楼梯。"E正确。

故本题选 ABCDE。

374.2013 年 6 月 5 日,某市城市轨道交通线路信号系统电源出现故障,导致区间车辆运行受阻,最长延误时间 1h29min。事件的主要原因是该条线路信号系统的主电源和备用电源同时出现故障,UPS 内部辅助电源输出异常,导致该联锁区所有信号设备失电,联锁区灰显。

对于案例中涉及的信号系统相关要求,下列描述正确的是(　　　)。

    A. 信号系统电源设备应具有完备的冗余设计,控制中心、车辆基地及正线集中站的信号系统电源设备应采用双 UPS、双母线设计

    B. 信号系统报警等级按照对列车运行影响程度从高到低分为一级、二级、三级、四级报警,其中电源单路等可能影响行车的报警属于三级报警

    C. 城市轨道交通运营单位应组织编制信号系统的维护规程。维护规程的发布、修订、废止等应充分技术论证后方可实施

    D. 运营单位应利用设备信号系统自有的监测和诊断功能,对电源系统、应答器、转辙机等关键部位进行实时监控

    E. 信号系统维护间隔时间不超过 10 天,整体使用寿命一般不超过 30 年

正确答案:ACD

【试题解析】

《城市轨道交通信号系统运营技术规范(试行)》第 10.1 条规定"控制中心、车辆基地及正线集中站的电源设备应采用双 UPS、双母线设计"A 正确。

第 3.1 条规定"信号系统报警等级按照对列车运行影响程度从高到低分为四级,ATS 子系统与外部系统接口故障、通信单网、电源单路等可能影响行车的报警属于二级报警"B 错误。

《城市轨道交通设施设备运行维护管理办法》第十二条 规定"运营单位应组织编制设施设备维护规程。维护规程的发布、修订、废止等应经充分技术论证后方可实施。"C 正确。

第九条规定"运营单位应利用车辆、供电、信号等设备自有的监测和诊断功能,对应答器、转辙机、电源系统等关键部位进行实时监控。"D 正确。

第十二条规定"信号系统维护间隔时间不超过 7 天,整体使用寿命一般不超过 20 年。"E 错误。

故本题选 ACD。

375.2013 年 11 月 21 日,某市城市轨道交通线路自动售检票系统全线瘫痪,进出站自动检票机全部无法使用,故障持续时间 78min,严重影响乘客出行。

对于案例中涉及的自动售检票系统相关要求,下列描述正确的是(　　　)。

    A. 自动售检票系统的软件调试、维护、变更、升级等工作,应对功能变化和其他功能模块受影响情况进行充分论证后方可施行,施行时应由专人监控

B. 自动售检票系统的清分子系统和线路中心子系统软件升级、参数下发、黑名单更新等,应在运营时段进行,确保乘客刷卡数据得到及时更新

C. 自动售检票系统清分子系统、互联网票务平台不应低于网络安全等级保护三级要求,线路子系统不应低于网络安全等级保护二级要求

D. 自动检票机应具备防夹、防撞、防漏人功能,确保携带儿童或行李的乘客可以安全通过

E. 自动检票机大面积故障时,应采取人工检票、免检等方式,引导乘客有序进出站

正确答案:ACDE

【试题解析】

《城市轨道交通自动售检票系统运营技术规范(试行)》第8.5条规定"自动售检票系统的软件调试、维护、变更、升级等工作,应对功能变化和其他功能模块受影响情况进行充分论证后方可施行,施行时应由专人监控;清分子系统和线路中心子系统软件升级、参数下发、黑名单更新等,除特殊情况外应在非运营时段进行。"

第6.1条规定"清分子系统、互联网票务平台不应低于网络安全等级保护三级要求,线路子系统不应低于网络安全等级保护二级要求"C正确。

第6.9条规定"自动检票机应具备防夹、防撞、防漏人功能,确保携带儿童或行李的乘客可以安全通过。"D正确。

《城市轨道交通客运组织与服务管理办法》第二十四条规定"自动检票机大面积故障时,应采取人工检票、免检等方式,引导乘客有序进出站。"E正确。

376. 2018年10月11日,某市城市轨道交通运营单位发现某隧道保护区内有大量施工弃土,隧道洞口上方部分围墙坍塌,洞门上方结构开裂错位,如下图所示。隧道内上下行出现裂纹,轨行区外的道路地面出现位移和裂痕等情况。事件主要原因为施工单位在修建施工便道过程中擅自向地铁保护区内倾倒大量施工弃土。

对于案例中涉及的保护区作业相关要求,下列描述正确的是( )。

    A. 在地方政府领导下,要建立健全城市轨道交通运营安全保护区联防联控机制,严格安全保护区施工作业审查许可程序

    B. 运营单位要建立健全安全保护区巡查制度和巡查队伍,按规定督促有关作业单位做好施工作业的防护和监测,及时报告有关部门查处违规行为

    C. 运营单位有权进入保护区范围内的作业现场进行巡查,发现危及或可能危及运营安全的情形,运营单位有权予以制止,并要求相关责任单位或者个人采取措施消除妨害

    D. 保护区施工作业和侵限行为是影响运营安全的风险点

    E. 运营单位专项应急预案应涵盖保护区结构坍塌、异物侵限等内容,加强应急演练,提高应急处置能力

正确答案:ABCDE

【试题解析】

城市轨道交通保护区管理涉及住房和城市建设、交通运输等多个部门,应建立健全保护区联防联控机制,严格安全保护区施工作业审查许可程序,严厉打击保护区非法施工作业、私搭乱建、堆放易燃易爆危险品等危及城市轨道交通运营安全的行为,A 正确。

《城市轨道交通运营管理规定》第三十一条规定"运营单位有权进入作业现场进行巡查,发现危及或者可能危及城市轨道交通运营安全的情形,运营单位有权予以制止,并要求相关责任单位或者个人采取措施消除妨害;逾期未改正的,及时报告有关部门依法处理。"B、C 正确。

《城市轨道交通运营安全风险分级管控和隐患排查治理管理办法》附件"城市轨道交通运营安全主要风险点"包含保护区施工作业和侵限行为,D 正确。

《城市轨道交通运营突发事件应急演练管理办法》第七条规定"专项应急预案应涵盖异物侵限等重点内容,并开展演练。"E 正确。

故本题选 ABCDE。

377. 1995 年 10 月 28 日,巴库地铁列车在区间隧道发生火灾,乘客疏散过程中车内照明

设施全部熄灭,列车两端的两个紧急出口只有通过人工方式才能打开,拥挤的乘客挡住了车门,车厢内设施燃烧产生了大量有毒气体,乘客疏散秩序混乱。由于事故发生在隧道区间,救援工作极其困难。火灾最终造成558人死亡,269人受伤。

对于案例中涉及的车辆设备以及火灾应急处置相关要求,下列描述正确的是(　　)。

A. 地铁列车在超员载荷和在丧失1/2动力的情况下,应具有在正线最大坡道上起动和运行到最近车站的能力

B. 当利用轨道中心道床面作为应急疏散通道时,列车端部车辆应设置专用端门和配置下车设施,且组成列车的各车辆之间应贯通

C. 两条单线区间隧道应设联络通道。相邻两个联络通道之间的距离不应大于1000m,联络通道内应设并列反向开启的乙级防火门,门扇的开启不得侵入限界

D. 发现列车在地下隧道区间发生火灾时,驾驶员应立即停车,组织乘客区间疏散;驾驶员应向乘客告知疏散方向,组织乘客逃生,并报告行车调度人员

E. 当区间隧道发生火灾时,应背着乘客主要疏散方向排烟,迎着乘客疏散方向送新风

正确答案:ABE

【试题解析】

《地铁设计规范》(GB 50157—2013)第4.1.19条规定"列车在超员载荷和在丧失1/4动力的情况下,应能维持运行到终点;列车在超员载荷和在丧失1/2动力的情况下,应具有在正线最大坡道上起动和运行到最近车站的能力",A正确。

第4.7.1条规定"当利用轨道中心道床面作为应急疏散通道时,列车端部车辆应设置专用端门和配置下车设施,且组成列车的各车辆之间应贯通",B正确。

第28.2.4条规定"两条单线区间隧道应设联络通道,相邻两个联络通道之间的距离不应大于600m,联络通道内应设并列反向开启的甲级防火门,门扇的开启不得侵入限界",C错误。

第28.4.7条规定"当区间隧道发生火灾时,应背着乘客主要疏散方向排烟,迎着乘客疏散方向送新风",E正确。

《城市轨道交通行车组织管理办法》第三十三条规定"……列车在地下或高架线路发生火灾、爆炸、毒气攻击等事件时,驾驶员应尽量维持列车进站,并立即报告行车调度人员,行车调度人员应通知车站和驾驶员组织乘客疏散;列车不能维持进站或继续运行无法确保安全的,应立即组织区间疏散,驾驶员应向乘客告知疏散方向,组织乘客逃生,并报告行车调度人员。"D错误。

故本题选ABE。

378. 1995年3月20日,东京地铁线路列车到达某车站时,车厢突然散发出强烈的刺激性气味,许多乘客出现咳嗽、头晕、呼吸困难甚至晕倒等症状。事后调查发现,此事件为沙林毒气恐怖袭击。此次事件共造成12人死亡,5500多人中毒。

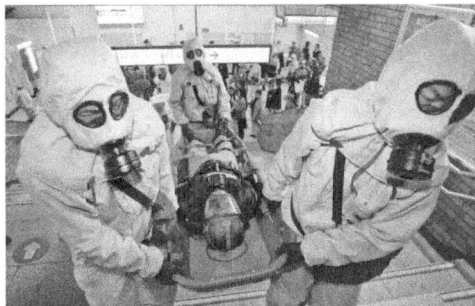

对于案例中涉及的车站安全应急设施以及突发事件应急处置相关要求,下列描述正确的是(　　　)。

A. 地下车站每个站厅公共区安全出口数量应经计算确定,且应设置不少于1个直通地面的安全出口

B. 车站站台公共区的楼梯、自动扶梯、出入口通道,应满足10min内将远期或客流控制期超高峰小时一列进站列车所载的乘客及站台上的候车人员全部撤离站台到达安全区的要求

C. 地面线路发生毒气攻击事件时,应立即停车,及时疏散

D. 要建立协调联动、快速反应、科学处置的工作机制,强化突发事件第一时间处置应对的能力,公安、交通运输、卫生等部门以及企业、街道、社区要密切协同联动

E. 要邀请"常乘客"、志愿者等社会公众参与应急演练,充分发挥其在安全防范和应急处置中的积极作用,提高乘客自救互救能力

正确答案:CDE

【试题解析】

《地铁设计规范》(GB 50157—2013)第28.2.3条规定"车站每个站厅公共区安全出口数量应经计算确定,且应设置不少于2个直通地面的安全出口",A错误。

第28.2.11条规定"车站站台公共区的楼梯、自动扶梯、出入口通道,应满足当发生火灾时在6min内将远期或客流控制期超高峰小时一列进站列车所载的乘客及站台上的候车人员全部撤离站台到达安全区的要求"B错误。

《城市轨道交通行车组织管理办法》第三十三条规定"……地面线路发生火灾、爆炸、毒气攻击等事件时,应立即停车,及时疏散。"C正确。

《国务院办公厅关于保障城市轨道交通安全运行的意见》第十五款规定"建立协调联动、快速反应、科学处置的工作机制,强化运营单位对突发事件第一时间处置应对的能力,最大限度减少突发事件可能导致的人员伤亡和财产损失。公安、交通运输等部门以及运营单位、街道、社区要密切协同联动。"D正确。

第十二条规定"积极招募志愿者,鼓励城市轨道交通'常乘客'参与公共安全防范与应急处置工作,提高公众安全防范能力,实现群防群治、协同共治。"E正确

故本题选CDE。

379.1999 年 5 月 30 日,白俄罗斯明斯克户外摇滚音乐会上突降冰雹,大量观众为躲避冰雹匆忙涌进附近的地铁站,与出站乘客发生对冲,迅速演变为踩踏事故,共造成 53 人死亡。

对于案例中涉及的车站设施设备以及客运组织相关要求,下列描述正确的是(　　)。

A.出入口乘客使用的楼梯宽度大于 3.6m 时,应设置中间扶手

B.运营单位应根据车站规模、客流特点、设备设施布局、岗位设置等,制定重要活动的车站客运组织方案

C.车站发生突发事件时,车站工作人员必须报告城市轨道交通运营主管部门,提前获得批准后才能关闭出入口或者封站

D.运营单位的专项应急预案应涵盖突发大客流,对应的现场处置方案应纳入日常工作常态化开展演练

E.要强化针对突发大客流的先期处置能力,及时通过广播等发布信息,消除乘客恐慌

正确答案:ABDE

【试题解析】

《地铁设计规范》(GB 50157—2013)第 9.7.1 条规定"乘客使用的楼梯宜采用 26°34′倾角,当宽度大于 3.6m 时,应设置中间扶手。"A 正确。

《城市轨道交通客运组织与服务管理办法》第九条规定"运营单位应根据车站规模、客流特点、设备设施布局、岗位设置等,制定工作日、节假日、重要活动以及突发事件的车站客运组织方案与应急预案",B 正确。

第十九条规定"车站发生火灾、淹水倒灌、公共安全、公共卫生等突发事件时,车站工作人员应当报告行车调度部门,按照应急预案进行现场处置,必要时采取关闭出入口、疏散站内乘客、封站等措施,未规定必须报告城市轨道交通运营主管部门",C 错误。

《城市轨道交通运营突发事件应急演练管理办法》第七条规定"专项应急预案应涵盖突发大客流、客伤等重点内容,并开展演练。"D 正确。

城市轨道交通大客流踩踏风险是交通运输安全生产重大风险之一,运营单位应强化针对突发大客流的先期处置能力,及时通过广播等发布信息,消除乘客恐慌,E 正确。

故本题选 ABDE。

380.2021 年 5 月 3 日,某高架桥梁坍塌,导致一列地铁列车脱轨,如下图所示,造成至少 25 人死亡、70 多人受伤。

对于案例中涉及的城市轨道交通工程建设、设施巡查以及应急处置相关要求,下列描述正确的是(　　)。

  A. 建设单位项目负责人对工程质量承担全面责任,不得降低工程质量,其违法违规或不当行为造成工程质量事故或质量问题应当承担责任

  B. 施工单位项目经理应按照经设计单位自审合格的施工图设计文件和施工技术标准进行施工,对因施工导致的工程质量事故或质量问题承担责任

  C. 初期运营期间,运营单位应当按照设计标准和技术规范,发现土建工程存在问题或者安全隐患的,应当要求相关责任单位按照有关规定或者合同约定及时处理

  D. 城市轨道交通混凝土桥梁巡查频率不应低于 1 次/6 月,钢桥、钢混组合桥梁、钢混混合桥梁巡查频率不应低于 1 次/3 月

  E. 行车过程中驾驶员遇突发严重危及行车安全的情况,可先行采取紧急安全防护措施,再报告行车调度人员

正确答案:ACE

【试题解析】

住房和城乡建设部《建筑工程五方责任主体项目负责人质量终身责任追究暂行办法》第五条规定"建设单位项目负责人对工程质量承担全面责任,不得违法发包、肢解发包,不得以任何理由要求勘察、设计、施工、监理单位违反法律法规和工程建设标准,降低工程质量,其违法违规或不当行为造成工程质量事故或质量问题应当承担责任。……施工单位项目经理应当按照经审查合格的施工图设计文件和施工技术标准进行施工,对因施工导致的工程质量事故或质量问题承担责任。"A 正确,B 错误。

《城市轨道交通运营管理规定》第十条规定"……初期运营期间,运营单位应当按照设计标准和技术规范,对土建工程、设施设备、系统集成的运行状况和质量进行监控,发现存在问题或者安全隐患的,应当要求相关责任单位按照有关规定或者合同约定及时处理。"C 正确。

《城市轨道交通设施设备运行维护管理办法》第八条第一款规定"混凝土桥梁巡查频率不应低于 1 次/3 月,钢桥、钢混组合桥梁、钢混混合桥梁巡查频率不应低于 1 次/月。"D 错误。

《城市轨道交通行车组织管理办法》第十八条规定"……驾驶员、车站行车人员等发现可能危及行车安全或运营秩序的情况时,应及时向行车调度人员报告;遇突发严重危及行车安全的情况,可先行采取紧急安全防护措施,再报告行车调度人员。"E 正确。

故本题选 ACE。

381. 2021 年 3 月 4 日早,某市地铁 1 号线运营前轧道列车在折返过程中发生脱轨,造成区间中断行车 5h46min。事件的直接原因是信号作业人员在进行道岔插头更换时,将道岔线序接错,且完成作业前未完整地进行一致性验证确认,导致道岔的室外实际位置与室内信号表示位置不一致,造成轧道列车脱轨。

对于案例中涉及的信号系统以及行车组织相关要求,下列描述正确的是(　　)。

A.运营开始前,应确认线路施工核销、线路出清、设备状态、行车计划准备等情况,对于地下线路,不安排空驶列车限速轧道

B.信号系统 ATS 子系统人机界面中,每个道岔应独立显示定、反位状态

C.驾驶员无法看清信号机显示、道岔位置时,应限速 15km/h 通过

D.运营单位应对信号工开展安全背景审查,进行安全和技能培训、考核,考核不合格的,不得从事岗位工作

E.由外单位在轨行区进行施工作业的,运营单位应安排专人旁站监督

正确答案:BDE

【试题解析】

《城市轨道交通行车组织管理办法》第十一条规定"运营开始前,相关岗位人员等应确认施工核销、线路出清、设备状态、行车计划准备等情况并报行车调度人员。行车调度人员确认具备条件后,原则上应安排空驶列车限速轧道。确认线路安全后,方可开始运营。地下线路也应该安排空驶列车限速轧道",A 错误。

《城市轨道交通信号系统运营技术规范(试行)》第 6.5 条规定"ATS 子系统人机界面应符合每个道岔应独立显示定、反位状态",B 正确。

《城市轨道交通行车组织管理办法》第三十二条规定"遇雾、霾、雨、雪、沙尘等恶劣天气瞭望困难时,……,驾驶员无法看清信号机显示、道岔位置时,应停车确认,严禁臆测行车。"C 错误。

《城市轨道交通运营管理规定》第十三条规定"运营单位应当配置满足运营需求的从业人员,按相关标准进行安全和技能培训教育,并对城市轨道交通列车驾驶员、行车调度员、行车值班员、信号工、通信工等重点岗位人员进行考核,考核不合格的,不得从事岗位工作。运营单位应当对重点岗位人员进行安全背景审查。"D 正确。

《城市轨道交通设施设备运行维护管理办法》(交运规〔2019〕8 号)第十四条规定"……轨行区等重点区域或关键设施设备施工作业应有专业人员监督。"E 正确。

故本题选 BDE。

382.2021 年 7 月 30 日,因突降暴雨,某市地铁车站在建出入口地平面挡水墙被积水冲

垮倒塌,地表积水下泄到基坑后通过过道涌入车站。事件发生的原因是地铁排水设施不畅,遇短时强降雨致地面积水严重,冲垮在建出入口挡水设施(如图所示),致使地铁车站进水。

对于案例中涉及的车站淹水倒灌预防措施以及应急处置相关要求,下列描述正确的是( )。

A.对城市轨道交通项目进行可行性研究时,建设单位应当组织专家对工程选址和设计方案进行防洪防涝等专项论证

B.车站出入口、风亭、风井等不应设计在城市低洼地势区域

C.在投入初期运营前,车站出入口排水沟应畅通,排水系应与城市排水系统连通

D.车站消防楼梯出入口、设备管线穿孔处、与商场等楼宇连接部分、甩项工程预留接口处、保护区范围内施工基坑等都是防洪防涝的重点部位

E.车站发生淹水倒灌时,车站工作人员应当报告城市轨道交通运营主管部门,获得主管部门批准后采取关闭出入口、疏散站内乘客、封站等措施

正确答案:ABCD

【试题解析】

《城市轨道交通初期运营前安全评估管理暂行办法》第八条规定“城市轨道交通开展初期运营前安全评估的,由城市轨道交通建设单位会同运营单位提交防洪涝专项论证报告”,A正确。

第二十一条规定“车站出入口排水沟畅通,排水系统应与城市排水系统连通,出入口建筑、无障碍垂直电梯接缝应完成密封处理;雨水多地区的车站出入口建筑不应在低洼地势区域”,B、C正确。

“城市轨道交通车站出入口、风亭、消防通道、设备管线穿孔处、洞口、地上地下过渡段、在建线路与既有线路连接处等是淹水倒灌的易发部位,且已发生过多次运营险性事件”,D正确。

《城市轨道交通客运组织与服务管理办法》第十九条规定“车站发生火灾、淹水倒灌、公共安全、公共卫生等突发事件时,车站工作人员应当报告行车调度部门,按照应急预案进行现场处置,必要时采取关闭出入口、疏散站内乘客、封站等措施,未规定必须报告城市轨道交

通运营主管部门。"E错误。

故本题选ABCD。

383.2020年11月19日,某市地铁列车在折返站越过禁止信号后挤岔,列车脱轨,如下图所示。事件发生的过程是:当日运营开始前,一列反向轨道车错误对标停车后冒进非允许信号,导致区间信号设备宕机;行车调度员未确认进路安全,发布"闯红灯"调度命令;事发列车驾驶员不熟悉驾驶模式升级操作,在具备条件时未能及时升级驾驶模式,导致列车一直以非限制人工驾驶模式运行。

对于案例中涉及的信号系统以及行车组织相关要求,下列描述正确的是(　　)。

A.列车安全防护距离控制、列车定位和测速、列车超速防护等是信号系统ATO子系统的主要功能

B.列车驾驶模式由低向高转换时必须停车向行调报告后人工实现转换

C.行车调度命令是指挥列车运行的命令(运行揭示调度命令除外)和口头指示,只能由行车调度人员发布

D.列车需越过防护信号机显示的禁止信号时,行车调度人员应确认该信号机后方线路空闲、道岔位置正确且锁闭后,方可发布越过禁止信号的命令

E.驾驶员接到行车调度人员越过禁止信号机的命令、完成线路和道岔确认后,首列车运行速度不应高于25km/h

正确答案:CDE

【试题解析】

《城市轨道交通信号系统运营技术规范(试行)》第4.1条规定"列车安全防护距离控制、列车定位和测速、列车超速防护等是信号系统ATP子系统的主要功能",A错误。

第4.4条规定"列车驾驶模式由低向高转换时宜不停车自动转换,转换为FAM模式时应通过人工确认。"B错误。

《城市轨道交通行车组织管理办法》第九条规定"行车调度命令是指挥列车运行的命令(运行揭示调度命令除外)和口头指示,只能由行车调度人员发布。"C正确。

第二十一条规定"列车需越过防护信号机显示的禁止信号时,行车调度人员应确认该信号机后方线路空闲、道岔位置正确且锁闭后,方可发布越过禁止信号的命令,首列车运行速

度不应高于25km/h。"D、E正确。

故本题选CDE。

384.2013年1月8日,某地铁线路在空载试运行过程中,列车运行过程与侵限防火门撞击,导致列车脱轨,驾驶室车顶上方通风设备坠落,造成1名当值驾驶员死亡。

对于案例中涉及的试运行以及预防异物侵限风险相关要求,下列描述正确的是( )。

A.城市轨道交通工程项目试运行前应完成系统联调

B.城市轨道交通试运行时间不少于3个月,其中按照开通运营时列车运行图连续组织行车20日以上且关键指标符合相关规定

C.运营单位应当在试运行按照开通运营时列车运行图连续组织行车阶段开始参与相关工作,熟悉工程设备和标准,察看系统运行的安全可靠性

D.轨行区电缆、管线、射流风机等吊挂构件,声屏障、防火门、人防门、防淹门等构筑物应安装牢固,具有定位锁定和防护措施

E.针对异物侵限风险,全自动运行系统应在既有规章制度上,进一步强化风险防控措施和应急预案

正确答案:ABDE

【试题解析】

《城市轨道交通初期运营前安全评估技术规范 第1部分:地铁和轻轨》第三条规定"城市轨道交通工程项目试运行前应完成系统联调。第三条试运行时间不少于3个月,其中按照开通运营时列车运行图连续组织行车20日以上且关键指标符合相关规定。"A、B正确。

第二十八条规定"对轨行区电缆、管线、射流风机等吊挂构件,声屏障、防火门、人防门、防淹门等构筑物具有安装牢固、定位锁定和防护措施是否到位的检查记录。"D正确。

《城市轨道交通运营管理规定》第九条规定"运营单位应当全程参与城市轨道交通工程项目按照规定开展的不载客试运行,熟悉工程设备和标准,察看系统运行的安全可靠性,发现存在质量问题和安全隐患的,应当督促城市轨道交通建设单位及时处理。"C错误。

"全自动运行线路的运营场景和非全自动运行线路区别较大,人员岗位、职责、应急处置流程等均不同,应专门制定风险管控措施、应急预案,并优化整合相关管理制度",E正确。

故本题选ABDE。

385.2019年8月1日,某市地铁线路因在建地铁线路下穿工程注浆施工,造成道床局部拱起变形126mm,后续列车按要求相关区段速降为10km/h运行。事件发生的主要原因是:在建地铁下穿工程为加固隧道向掘进好的隧道内壁灌注水泥浆,因注浆产生的压力导致周边密度较低土层主体力量不够、土层拱起,造成道床拱起变形。

对于案例中涉及的城市轨道交通工程结构设计以及突发事件应急处置相关要求,下列描述正确的是( )。

  A.地下主体结构和使用期间不可更换的结构构件,应根据使用环境类别,按设计使用年限为50年的要求进行耐久性设计

  B.轨道巡查频率不应低于1次/周,路基巡查频率不应低于1次/月,存在病害、遇不良地质地段、发现变形较大地段等,应根据实际情况加密监测点并加密监测次数

  C.驾驶员行车过程遇突发严重危及行车安全的情况,可先行采取紧急安全防护措施,再报告行车调度人员

  D.运营单位应加强设施状态监控,无法继续维持运营或继续运营将危及行车安全的,应采取区间限速、添乘检查、安全防护等措施

  E.因故导致部分区段需限速运行的,应论证提出限速运行方案,限速运行方案应明确限速区域、限速值、限速时段及起止时间

正确答案:BCE

【试题解析】

《地铁设计规范》(GB 50157—2013)第11.1.6条规定"主体结构和使用期间不可更换的结构构件,应根据使用环境类别,按设计使用年限为100年的要求进行耐久性设计,"A错误。

第八条第三款、第四款规定"轨道巡查频率不应低于1次/周,路基巡查频率不应低于1次/月,设施存在病害、遇不良地质地段、发现变形较大地段及其他需要重点关注的地段,应根据实际情况加密监测点并加密监测次数。"B正确。

《城市轨道交通行车组织管理办法》第十八条规定"……驾驶员、车站行车人员等发现可能危及行车安全或运营秩序的情况时,应及时向行车调度人员报告;遇突发严重危及行车安全的情况,可先行采取紧急安全防护措施,再报告行车调度人员。"C正确。

第二十条规定"因设施设备故障、重大施工等原因,部分区段需限速运行的,应由有关方面论证后提出限速运行方案,方案应明确限速区域、限速值、限速时段及起止时间,报行车调度人员,由其发布限速及取消限速命令。"E正确。

《城市轨道交通设施设备运行维护管理办法》第七条规定"运营单位应密切监控设施设备运行状态,对于设备异常情况报警,应进行分级分类,及时检查确认并处理。无法继续维持运营或继续运营将危及行车安全的,应停运抢修并尽快恢复运营。可继续维持运营的,应视情采取区间限速、添乘检查、安全防护等措施,尽快完成故障修复。"D错误。

故本题选 BCE。

386. 2021 年 5 月 24 日,吉隆坡地铁列车与一列空驶列车发生碰撞,如下图所示。初步调查结果显示,事发前,空驶列车的车载控制系统在列车自动行驶过程中出现故障,驾驶员在收到指令后改为手动驾驶,却驶错方向,导致碰撞发生。

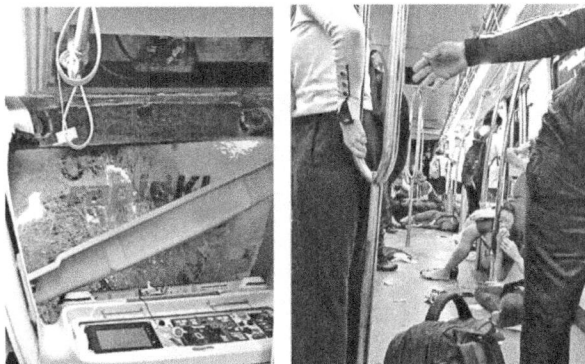

对于案例中涉及的信号系统以及行车组织相关要求,下列描述正确的是(　　　)。

A. 自动控制列车的起动、加速、巡航、惰行、制动运行是信号系统 ATS 子系统的主要功能

B. 按照行车组织规则,城市轨道交通列车等级由高至低依次为空驶列车、调试列车、专运列车、载客列车和其他列车

C. 城市轨道交通投入初期运营前,应当按照规定完成信号系统的列车超速安全防护、列车追踪安全防护等测试项目

D. 列车 ATP 失效时,行车调度人员应尽量组织列车在就近车站清客后退出服务,确需继续载客运行至终点站的,应与前方列车至少间隔一个区间并限速运行

E. 运营单位应当对列车驾驶员定期开展心理测试,对不符合要求的及时调整工作岗位

正确答案:CDE

【试题解析】

《城市轨道交通信号系统运营技术规范(试行)》第 5.1 条规定"自动控制列车的起动、加速、巡航、惰行、制动运行是信号系统 ATO 子系统的主要功能",A 错误。

《城市轨道交通行车组织管理办法》第八条规定"城市轨道交通列车等级由高至低依次为专运列车、载客列车、空驶列车、调试列车和其他列车。"B 错误。

第二十二条规定"列车 ATP 失效时,驾驶员应及时报告行车调度人员,行车调度人员原则上应组织列车在就近车站清客后退出服务,确需继续载客运行至终点站的,应与前方列车至少间隔一个区间并限速运行。"D 正确。

《城市轨道交通初期运营前安全评估技术规范　第 1 部分:地铁和轻轨》第四十六条规定"应完成信号系统各子系统之间、信号系统与关联系统的联调及动态调试,具有完整的信号系统验收和联调及动态调试合格报告,其中包括了列车超速安全防护、列车追踪安全防

护、列车退行安全防护、车站扣车和跳停测试等",C 正确。

《城市轨道交通运营管理规定》第十三条规定"运营单位应当对列车驾驶员定期开展心理测试,对不符合要求的及时调整工作岗位。"E 正确。

故本题选 CDE。

387. 2019 年 3 月 18 日凌晨,某城市测试新信号系统期间,列车发生碰撞,列车严重受损,如下图所示,两名驾驶员受伤送医。调查认为新信号系统在设计及开发阶段,软件修改出现程序编写错误,导致在切换至暖备用系统后无法建立事发车站的渡线数据,列车自动保护未能发挥作用,无法防止两列车同时进入事发车站渡线,导致列车相撞。

对于案例中涉及的信号系统以及调试相关要求,下列描述正确的是(　　)。

A. 信号系统涉及行车安全的 ATP 子系统、CI 子系统,计轴等设备,以及转辙机、信号机等控制电路应符合故障导向安全的原则

B. 信号系统采用新技术、新材料或新产品的,运营单位应在更新改造前对其安全性、可靠性、可维护性等进行充分评估,并小范围试用不少于 1 个月

C. 信号机应根据行车组织需要设置,满足安全防护要求。设置的区间信号机应考虑列车降级追踪、故障快速恢复等因素,并满足降级运行能力要求

D. 列车因调试需要超速运行的,经技术论证并制定安全措施后,可以超过线路允许速度和列车制动限速

E. 对于信号系统调试,运营单位应与设备供应商充分论证,组织制定施工方案,行车调度人员应审核施工方案,制定并组织落实行车保障措施

正确答案:ACE

【试题解析】

《城市轨道交通信号系统运营技术规范(试行)》第 3.1 条规定"涉及行车安全的 ATP 子系统、CI 子系统,计轴等设备,以及转辙机、信号机等控制电路应符合故障导向安全的原则",A 正确。

第 10.2 条规定"信号机应根据行车组织需要设置,满足安全防护要求。设置的区间信号机应考虑列车降级追踪、故障快速恢复等因素,并满足降级运行能力要求,"C 正确。

《城市轨道交通设施设备运行维护管理办法》第二十四条规定"更新改造过程中,轨道、车辆、供电、通信、信号等关键设施设备的主要部件批量采用新技术、新材料或新产品的,运营单位应在更新改造前对其安全性、可靠性、可维护性等进行充分评估,并小范围试用不少于3个月,确认满足设施设备功能要求后方可逐步推广应用。"B错误。

《城市轨道交通行车组织管理办法》第三十五条规定"对于设施设备调试、升级、更新改造等重大施工,运营单位应与设备供应商充分论证,组织制定施工方案,行车调度人员应审核施工方案,制定并组织落实行车保障措施。……因调试需要超速运行的,应先进行技术论证并制定安全措施,但不得超过线路允许速度和列车制动限速。"D错误,E正确。

故本题选ACE。

388.2017年2月10日下午7时11分,某地铁列车发生人为纵火事件,如下图所示,导致19人受伤。

对于案例中涉及的火灾预防以及应急处置相关要求,下列描述正确的是(　　　)。

A.禁止乘客携带有毒、有害、易燃、易爆、放射性、腐蚀性以及其他可能危及人身和财产安全的危险物品进站、乘车

B.运营单位应当落实反恐防暴、内部治安保卫、消防安全等有关法规规定的责任和措施

C.列车在地下线路发生火灾时,驾驶员应尽量维持列车进站,并立即报告行车调度人员,行车调度人员应通知车站和驾驶员组织乘客疏散

D.要构建公安、交通运输、综治等部门以及运营单位、社会力量多方参与的城市轨道交通公共安全协同防范体系和应急响应机制

E.列车驾驶室应配置便携式灭火器具,当客室发生火灾时,乘客应及时通过紧急报警装置向驾驶室调用灭火器具

正确答案:ABCD

【试题解析】

《城市轨道交通运营管理规定》第三十六条规定"禁止乘客携带有毒、有害、易燃、易爆、放射性、腐蚀性以及其他可能危及人身和财产安全的危险物品进站、乘车。运营单位应当按

规定在车站醒目位置公示城市轨道交通禁止、限制携带物品目录",A正确。

《国务院办公厅关于保障城市轨道交通安全运行的意见》第二条第三款规定"……运营单位承担安全生产主体责任,落实反恐防暴、内部治安保卫、消防安全等有关法规规定的责任和措施",B正确。

第十二条规定"城市轨道交通所在地城市及以上地方人民政府要构建公安、交通运输、综治等部门以及运营单位、社会力量多方参与的城市轨道交通公共安全协同防范体系和应急响应机制……",D正确。

《城市轨道交通行车组织管理办法》(交运规〔2019〕14号)第三十三条规定"列车在地下或高架线路发生火灾、爆炸、毒气攻击等事件时,驾驶员应尽量维持列车进站,并立即报告行车调度人员,行车调度人员应通知车站和驾驶员组织乘客疏散",C正确。

《地铁设计规范》(GB 50157—2013)第4.7.6条规定"客室、驾驶室应配置便携式灭火器具,安放位置应有明显标识并便于取用。客室也应配置便携式灭火器供乘客使用",E错误。

故本题选ABCD。

389.2017年11月15日,新加坡发生地铁相撞事故,造成20多人受伤。新加坡陆路交通管理局调查证实:列车发生追尾碰撞的原因是CBTC系统的软件逻辑问题,没有正确配置当时的故障情形。

对于案例中涉及的信号系统相关要求,下列描述正确的是(　　)。

A.信号系统软件(含数据)升级前应根据影响分析完成实验室和现场测试并具有完整的测试分析报告,包含影响列车运行的关键路径

B.信号系统整体更新前,运营单位应组织设计单位、设备供应商等对可行性进行充分论证,确保新信号系统的选型与原有设备接口兼容,尽量减少对原接口设备的升级改造

C.新旧信号系统兼容运行的,在对两列列车进行升级并上线试用不少于1个月后,方可开展对其他列车分批次更新升级

D. 新旧信号系统倒切前,应在非运营时段开展不少于 3 次的实战演练,新信号系统经过累计不少于 144h 的不载客运行后方可投入运营

E. 信号系统整体更新应在运营时段进行,保证新信号系统的有效性

正确答案:BCD

【试题解析】

《城市轨道交通信号系统运营技术规范(试行)》(交办运〔2022〕1 号)第 3.12 条规定"信号系统软件(含数据)、硬件升级改造前应根据影响分析完成实验室和现场测试并具有完整的测试分析报告,内容至少包含安全性、兼容性、缺陷回归等项目,并覆盖影响列车运行的全部路径。"A 错误,应为全部路径,不是关键路径。

《城市轨道交通设施设备运行维护管理办法》(交运规〔2019〕8 号)第二十一条规定"信号系统整体更新前,运营单位应组织设计单位、设备供应商等对更新工程的可行性进行充分论证,确保新信号系统的选型能与车辆、供电、通信、综合监控、站台门、乘客信息系统等原有设备接口兼容,尽量减少对原接口设备的升级改造。"B 正确。

"信号系统整体更新应在非运营时段进行,运营单位应实施全过程监控管理,确保既有信号系统在过渡期间正常运行,并对设备的安装工艺和标准进行卡控。"E 错误。

"新旧信号系统兼容运行的,在对两列列车进行升级并上线试用不少于 1 个月后,方可开展对其他列车分批次更新升级。"C 正确。

"新旧信号系统倒切前,应在非运营时段开展不少于 3 次的实战演练,新信号系统经过累计不少于 144h 的不载客运行后方可投入运营。"D 正确

故本题选 BCD。

390. 2010 年 9 月 7 日,强雷电击中某城市地铁车站附近地面区间供电设备,导致区间接触网断电,中断运营 1h37min。本次事件的主要原因是雷击造成事发区间接触网承力索下锚绝缘子破裂、坠砣补偿绳断裂,导致接触网短路失电。

对于案例中涉及的供电系统相关要求,下列描述正确的是(　　)。

A. 牵引用电负荷应为一级负荷,一级负荷必须采用双电源单回线路专线供电

B. 变电所操作电源为一级负荷中特别重要负荷,应设置应急电源,严禁其他负荷接入

C. 直流牵引供电系统应为不接地系统,牵引变电所中的直接牵引供电设备必须绝缘安装

D. 供电系统及其设备的功能性接地、保护性接地与防雷接地应采用综合接地系统

E. 车辆基地的场区和高架桥应采取防雷措施

正确答案:BCDE

【试题解析】

《地铁设计规范》(GB 50157—2013)第 15.1.5 条和第 15.1.6 条规定"牵引用电负荷应为一级负荷,一级负荷必须采用双电源双回线路供电。"A 错误。

第15.5.1条规定"火灾自动报警系统设备、环境与设备监控系统设备、专用通信系统设备、信号系统设备、变电所操作电源、地下车站及区间的应急照明为一级负荷中特别重要负荷。"第15.1.7条规定"一级负荷中特别重要的负荷,应增设应急电源,并严禁其他负荷接入。"B正确。

第15.7.15条规定"直流牵引供电系统应为不接地系统,牵引变电所中的直流牵引供电设备必须绝缘安装。"C正确。

第15.1.25条规定"供电系统及其设备的功能性接地、保护性接地与防雷接地应采用综合接地系统",D正确。

第15.5.10条规定"车辆基地的场区和高架桥应采取防雷措施。"E正确。

故本题选BCDE。

391.1995年1月17日,大阪和神户地区发生了7.2级强烈地震,地震造成约70%的城市轨道交通地面线路遭到破坏,主要包括轨道严重扭曲和列车脱轨;地震还造成地下隧道出现裂缝,地下车站的站台梁柱出现变形、垫土下沉及防崩壁移动等问题。地震最终造成城市轨道交通系统3名工作人员死亡、5名乘客重伤。

对于案例中涉及的地铁地下结构设计以及地震应急处置相关要求,下列描述正确的是( )。

A. 地铁地下结构的抗震设计应当满足当遭受相当于工程抗震设防烈度的地震影响时,地下结构不损坏或仅需对非重要结构部位进行一般修理,不影响地铁正常运营

B. 地铁应具备接收本地区地震预报部门的电话报警或网络通信报警功能

C. 地震烈度为7度(含)以上或行车关键设施设备损坏的,行车调度人员应组织区间列车在确保安全的条件下,运行至就近站清客后退出服务,列车运行速度不应超过25km/h

D. 运营单位要建立完备的应急预案体系,编制应急预案操作手册,明确应对处置各类突发事件的现场操作规范、工作流程等

E. 运营单位应当宣传文明出行、安全乘车理念和突发事件应对知识,培养公众安全防范意识,引导理性应对突发事件

正确答案:ABCDE

【试题解析】

《地铁设计规范》(GB 50157—2013)第11.8.1条规定"地下结构设计应达到当遭受相当于本工程抗震设防烈度的地震影响时,地下结构不损坏或仅需对非重要结构部位进行一般修理,对周围环境影响轻微,不影响地铁正常运营",A正确。

第28.7.10条规定"地铁应具备接收当地气象部门气象预报的功能";第28.7.11条规定"地铁应具备接收本地区地震预报部门的电话报警或网络通信报警功能。"B正确。

《城市轨道交通行车组织管理办法》第三十一条第三款规定"地震烈度为7度(含)以上或行车关键设施设备损坏的,行车调度人员应组织在站列车清客后退出服务,组织区间列车

在确保安全的条件下,运行至就近站清客后退出服务,列车运行速度不应超过25km/h。"C正确。

《国务院办公厅关于保障城市轨道交通安全运行的意见》第六章第十三款规定"运营单位要建立完备的应急预案体系,编制应急预案操作手册,明确应对处置各类突发事件的现场操作规范、工作流程等,并立足实战加强站区一线人员培训,定期组织开展应急合成演练。"D正确。

《城市轨道交通运营管理规定》第四十七条规定"城市轨道交通运营主管部门和运营单位应当加强舆论引导,宣传文明出行、安全乘车理念和突发事件应对知识,培养公众安全防范意识,引导理性应对突发事件。"E正确。

故本题选ABCDE。

392. 2020年12月19日,某城市有轨电车正常运行至一路口时,与一辆违章闯红灯左转的出租汽车发生碰撞,造成局部中断运营45min,清客2列次。事件的直接原因是社会车辆在机动车道平交路口违章掉头引发列车撞击。

对于案例中涉及的有轨电车相关要求,下列描述正确的是(　　　)。

A. 城市轨道交通系统,除有轨电车外均应纳入城市轨道交通建设规划并履行报批程序

B. 有轨电车项目由当地城市人民政府发展改革部门负责审批,做好与相关规划的统筹衔接

C. 对未配备车站行车人员的有轨电车线路,应设置必要的通信和视频监控设备,对车站情况进行有效监控

D. 有轨电车不得载客救援,空驶列车救援连挂后运行速度不应超过40km/h

E. 有轨电车沿线建(构)筑物、植物可能妨碍行车瞭望或者侵入线路限界的,责任单位应当及时采取措施消除影响

正确答案:ACE

【试题解析】

《国务院办公厅关于进一步加强城市轨道交通规划建设管理的意见》第二章第三款规定"城

市轨道交通系统,除有轨电车外均应纳入城市轨道交通建设规划并履行报批程序。"A 正确。

第三章第七款规定"有轨电车项目由省级发展改革部门负责审批(核准),并做好与相关规划的统筹衔接。"B 错误。

《城市轨道交通行车组织管理办法》第十三条规定"……对未配备车站行车人员的有轨电车线路,应设置必要的通信和视频监控设备,对车站情况进行有效监控。"C 正确。

第二十六条规定"……有轨电车不得载客救援(遇特殊天气或者故障列车停在隧道、桥梁的除外),空驶列车救援连挂后运行速度不应超过 25km/h。"D 错误。

《城市轨道交通运营管理规定》第三十二条规定"地面、高架线路沿线建(构)筑物或者植物不得妨碍行车瞭望,不得侵入城市轨道交通线路的限界。沿线建(构)筑物、植物可能妨碍行车瞭望或者侵入线路限界的,责任单位应当及时采取措施消除影响。"E 正确。

故本题选 ACE。

393. 2013 年 8 月 22 日,某城市彩钢板侵入地铁区间,如下图所示,导致架空接触网失电,造成列车晚点 65min。本次事件发生的主要原因是彩钢板掉落至架空接触网后引发短路,造成架空接触网突然失电,线路中断运营。事件发生的高架区间与周边建(构)筑物可保持的间距有限,客观上增加了高空抛物、异物掉落等侵限的风险。

对于案例中涉及的保护区以及供电系统相关要求,下列描述正确的是(   )。

    A.其他设施上跨城市轨道交通线路时,上跨设施交叉范围两侧内应设置防护网或其他安全防护设施

    B.运营单位应根据维护规程编制设施设备维护计划并组织实施,对于正线接触网的维护工作应严格按照维护计划执行

    C.禁止在地面或者高架线路两侧各 50m 范围内升放风筝、气球等低空飘浮物体和无人机等低空飞行器

    D.对接触网单边供电和大双边供电功能,至少每年进行一次测试

    E.运营单位专项应急预案应涵盖异物侵限、供电中断等内容,电力调度员、环控调度员应针对供电区段失电开展经常性演练

正确答案:ABDE

【试题解析】

《城市轨道交通初期运营前安全评估技术规范　第 1 部分:地铁和轻轨》第十条规定"其他设施上跨城市轨道交通线路时,上跨设施交叉范围两侧内应设置防护网或其他安全防护设施。"A 正确。

《城市轨道交通设施设备运行维护管理办法》第十三条规定"运营单位应根据维护规程编制设施设备维护计划并组织实施,其中正线或车辆基地咽喉区关键道岔、正线接触网(轨)、正线轨道、车辆关键部件等重要设施设备的维护工作应严格按照维护计划执行。"B 正确。

第十一条第二款规定"对信号系统降级功能、接触网(轨)单边供电和大双边供电功能,

至少每年进行一次测试。"D正确。

《城市轨道交通运营管理规定》第三十四条第九款规定"禁止在地面或者高架线路两侧各100米范围内升放风筝、气球等低空飘浮物体和无人机等低空飞行器。"C错误。

《城市轨道交通运营突发事件应急演练管理办法》第七条规定"专项应急预案应至少涵盖的内容包括异物侵限、供电中断";第八条第二款规定"电力调度员、环控调度员的现场处置方案应至少涵盖大面积停电、供电区段失电、电力监控系统离线、区间火灾、区间积水等内容,并开展经常性演练。"E正确。

故本题选ABDE。

394. 2020年11月18日,某市出现极端冻雨天气,导致地面及高架线路的接触网、轨道结冰,车辆受流不良,造成多条线路运营车辆滞留正线无法正常运营,连续4天临时停运,期间运营单位组织人员抢修,如下图所示。

对于案例中涉及的城市轨道交通应对低温雨雪灾害的防范和应急处置相关要求,下列描述正确的是(　　　)。

A. 寒冷地区的道岔转辙区域应采取防雪防冻措施

B. 遇雨雪天气导致瞭望困难时,地面及高架线路列车应开启前照灯,限速运行、适时鸣笛;当瞭望距离不足50m时,列车运行速度不应超过50km/h

C. 运营单位应针对事件开展技术分析,制定整改与防范措施

D. 针对低温雨雪等恶劣天气,运营单位应加强日常应急演练,保障人员队伍具备完成应急处置的工作能力

E. 出现雨雪等恶劣天气时,车站应采取铺设防滑垫、设置防滑、防拥堵提示等必要措施,加强广播提示和现场疏导

正确答案:ACDE

【试题解析】

《城市轨道交通初期运营前安全评估技术规范　第1部分:地铁和轻轨》第十三条规定"寒冷地区的道岔转辙区域采取防雪防冻措施。"A正确。

《城市轨道交通行车组织管理办法》第三十二条第二款规定"遇雾、霾、雨、雪、沙尘等恶劣天气瞭望困难时,地面及高架线路列车应开启前照灯,限速运行,适时鸣笛。当瞭望距离不足 100m、50m、30m 时,列车运行速度分别不应超过 50km/h、30km/h、15km/h。"B 错误。

第七条、第八条规定"运营单位应组织设备供应商以及相关责任单位对运营险性事件开展技术分析,并在运营险性事件发生之日起 30 日内形成分析报告。运营险性事件技术分析报告应包括事件整改与防范措施。"C 正确。

"我国城市轨道交通已发生过多起因低温雨雪等恶劣天气造成的运营险性事件,运营单位应引以为戒,加强日常应急演练,保障人员队伍具备完成应急处置的工作能力。"D 正确。

《城市轨道交通客运组织与服务管理办法》第十八条规定"出现雨雪等恶劣天气时,运营单位应采取铺设防滑垫、设置防滑、防拥堵提示等必要措施,加强广播提示和现场疏导。"E 正确

故本题选 ACDE。

395.2019 年 12 月 12 日,某市地铁配套物业施工发生局部塌陷,导自来水管、污水管破裂,沿预留通道涌入车站,致使站厅、站台及轨行区严重积水,如下图所示。事件发生的主要原因是配套物业开发项目施工过程中临时格构立柱承重超负荷失稳,局部顶板瞬间坍塌,造成自来水管、污水管破裂,水流涌入地铁车站。

对于案例中涉及的车站淹水倒灌防范相关要求,下列描述正确的是(　　)。

A. 开展初期运营前安全评估的,城市轨道交通建设单位应会同运营单位提交工程项目防洪涝专项论证报告等材料

B. 在城市轨道交通保护区内进行新建、改建、扩建或者拆除建(构)筑物的,作业单位应当按照有关规定制定安全防护方案,经运营单位同意后,依法办理相关手续并对作业影响区域进行动态监测

C. 经主管部门同意,运营单位方可进入保护区范围内的作业现场进行巡查,有权制止可能危及城市轨道交通运营安全的行为

D. 运营线路与在建线路的连接处是防汛防淹的重点部位

E. 发生一般及以上运营突发事件的线路,城市轨道交通运营主管部门可对相关线路、设施设备开展针对性安全评估

正确答案:ABDE

【试题解析】

《城市轨道交通初期运营前安全评估管理暂行办法》第八条规定"城市轨道交通开展初期运营前安全评估的,由城市轨道交通建设单位会同运营单位提交防洪涝专项论证报告",A正确。

《城市轨道交通运营管理规定》第三十条规定"在城市轨道交通保护区内进行下列作业的,作业单位应当按照有关规定制定安全防护方案,经运营单位同意后,依法办理相关手续并对作业影响区域进行动态监测:(一)新建、改建、扩建或者拆除建(构)筑物;……"B正确。

第三十一条规定"运营单位有权进入作业现场进行巡查,发现危及或者可能危及城市轨道交通运营安全的情形,运营单位有权予以制止,并要求相关责任单位或者个人采取措施消除妨害;逾期未改正的,及时报告有关部门依法处理。"C错误。

"城市轨道交通车站出入口、风亭、消防通道、设备管线穿孔处、洞口、地上地下过渡段、在建线路与既有线路连接处等是淹水倒灌的易发部位,且已发生过多次运营险性事件,"D正确。

《城市轨道交通正式运营前和运营期间安全评估管理暂行办法》第二十条规定"根据第三方安全评估意见建议或者发生下列情形的,城市轨道交通运营主管部门可按照初期运营前安全评估、正式运营前安全评估有关要求和项目,对相关线路、设施设备开展针对性安全评估:(一)发生一般及以上运营突发事件的线路;(二)信号系统、车辆等关键设备更新改造完成后投入使用前的;(三)其他需要开展的情形。"E正确。

故本题选ABDE。

396.2017年8月23日,某城市地铁列车车门发生故障,故障长时间未能解除,为减少对运营的影响,工作人员在车门处悬挂了"车门故障,请勿靠近"的布帘遮挡,车门旁配备值守人员后,列车继续行驶,如下图所示。

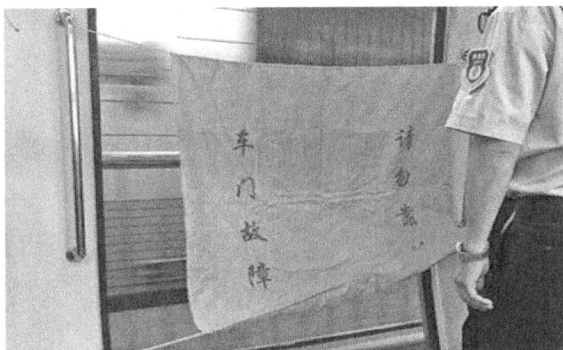

对于案例中涉及的车辆设备及客运组织相关要求,下列描述正确的是(　　　)。

A.地铁列车客室车门系统应设置安全联锁,应确保车速大于5km/h时不能开启、车门未全关闭时不能起动列车

B.地铁列车应设置车门防夹警示、车门防倚靠警示、紧急报警提示、车门紧急解锁操作提示、消防设备提示等安全标志

C.车辆系统列检间隔时间不超过15天,月检间隔时间不超过3个月

D. 车站站台服务人员应维护站台候车及上下车秩序,查看车门和站台门的开闭状态,防止夹人夹物动车

E. 列车临时清客时,应通过广播或者其他方式告知车内和站内乘客,车站工作人员应上车引导乘客下车,清客完毕后报告驾驶员关闭车门

正确答案:ABCDE

【试题解析】

《地铁设计规范》(GB 50157—2013)第4.7.4条规定"客室车门系统应设置安全联锁,应确保车速大于5km/h时不能开启、车门未全关闭时不能起动列车。"A正确。

《城市轨道交通初期运营前安全评估技术规范 第1部分:地铁和轻轨》第三十九条规定"列车车门防夹警示、车门防倚靠警示、紧急报警提示、车门紧急解锁操作提示、消防设备提示等安全标志齐全、醒目。"B正确。

《城市轨道交通设施设备运行维护管理办法》第十二条第二款规定"车辆系统列检间隔时间不超过15天,月检间隔时间不超过3个月,架修间隔不超过5年或80万车公里,大修间隔不超过10年或160万车公里,整体使用寿命一般不超过30年或480万车公里。"C正确。

《城市轨道交通客运组织与服务管理办法》第十四条规定"车站站台服务人员应维护站台候车及上下车秩序,查看车门和站台门的开闭状态,防止夹人夹物动车。"D正确。

第二十六条规定"列车临时清客时,应通过广播或者其他方式告知车内和站内乘客,车站工作人员应上车引导乘客下车,清客完毕后报告驾驶员关闭车门。"E正确。

故本题选ABCDE。

397.2020年6月12日,某市某车辆基地列车执行调车作业过程中,调车进路内道岔位置错误,列车经过时挤岔,造成车辆段转辙机部分部件损坏,如下图所示。事件发生的主要原因是:信号楼值班员错误排列调车进路,未确认道岔位置就通知列车驾驶员动车。

对于案例中涉及的车辆基地行车作业相关要求,下列描述正确的是( )。

A. 车辆基地信号系统可不具备ATP防护功能,调车驾驶员凭地面信号或手信号显示开行列车

B. 试车线信号设备与车辆基地的接口应确保试车作业与车辆基地作业间互不影响

C. 车辆段的定修库、大架修库和临修库均不应设置接触网或接触轨供电

D. 在车辆基地调车时严禁溜放调车,摘钩前应做好防溜措施,连挂妥当后应当确认防溜措施已撤除

E. 车辆基地内调车作业由运营控制中心调度人员统一指挥

正确答案:BCD

【试题解析】

《城市轨道交通信号系统运营技术规范(试行)》第11.3条规定"车辆基地(非自动区域除外)应具备ATP防护功能,并具备列车车组号追踪及显示功能。试车线信号设备与车辆基地的接口应确保试车作业与车辆基地作业间互不影响;试车线与正线的车地无线通信设备间应互不干扰,宜配置不同的无线频点或采用网络隔离的方式。"A错误,B正确。

《地铁设计规范》(GB 50157—2013)第27.4.2条规定"车辆段的定修库、大架修库和临修库均不应设置接触网或接触轨供电。定修段需在定修库内进行升弓调试作业时,应在库端设移动接触网。"C正确。

《城市轨道交通行车组织管理办法》第十七条规定"……车辆基地内调车作业由车辆基地调度人员统一指挥,调车司机凭地面信号或手信号显示开行列车,调车时严禁溜放调车,摘钩前应做好防溜措施,连挂妥当后应确认防溜措施已撤除。"D正确,E错误。

故本题选BCD。

398.2014年7月15日,莫斯科地铁阿尔巴特—波克罗夫卡线胜利公园站和斯拉夫林荫路站间地铁列车3节车辆脱轨,其中1节严重变形,事件共造成23人死亡,160人受伤。据称,电压中断和信号设备工作失灵是引起紧急制动的主要原因,已经排除恐怖袭击的可能性。

对于案例中涉及的车辆系统、供电系统和信号系统的相关要求,下列描述正确的是(　　)。

A. 在超员载荷工况下,当列车丧失1/2动力时,应具有在正线最大坡道上启动和运行到最近车站的能力

B. 当牵引指令与制动指令同时有效时,列车应施加制动或紧急制动

C. 涉及行车安全的ATP子系统、CI子系统,计轴等设备,以及转辙机、信号机等控

制电路应符合故障导向安全的原则

D. 自动驾驶模式下,列车加速超过 ATP 最大允许速度时,驾驶台显示单元会显示报警,提醒驾驶员采取制动措施

E. 在变电所的两路进线电源中,每路进线电源的容量应满足高峰小时变电所全部一、二级负荷的供电要求

正确答案:ABCE

【试题解析】

《地铁设计规范》(GB 50157—2013)第4.1.19条规定"列车在超员载荷和在丧失1/4动力的情况下,应能维持运行到终点;列车在超员载荷和在丧失1/2动力的情况下,应具有在正线最大坡道上起动和运行到最近车站的能力",A 正确。

《城市轨道交通工程项目规范》(GB 55033—2022)第4.3.6条规定"当牵引指令与制动指令同时有效时,列车应施加制动或紧急制动。"B 正确。

第6.1.5条规定"在变电所的两路进线电源中,每路进线电源的容量应满足高峰小时变电所全部一、二级负荷的供电要求。"E 正确。

《城市轨道交通信号系统运营技术规范(试行)》第3.1条规定"涉及行车安全的 ATP 子系统、CI 子系统,计轴等设备,以及转辙机、信号机等控制电路应符合故障导向安全的原则。"C 正确。

第4.1条规定"ATP 子系统具有列车超速防护功能,列车超过 ATP 最大允许速度时,列车应自动采取制动措施",D 错误。

故本题选 ABCE。

399. 2006年7月3日,西班牙瓦伦西亚市地铁列车脱轨,事故造成41人死亡,47人受伤。官方称,地铁列车在进入市中心区的某车站前,由于超速行驶造成车轮破裂,从而导致列车脱轨。

对于案例中涉及的车辆系统和信号系统的相关要求,下列描述正确的是(　　　)。

A. 有人驾驶列车应设置独立的紧急制动按钮,并应在牵引制动主手柄上设置警惕按钮

  B. 列车超速防护是信号系统 ATS 子系统的主要功能

  C. 运营单位应利用车辆自有的监测和诊断功能,对牵引系统、制动系统、受流装置、走行系统等关键部位进行实时监控

  D. 信号系统应根据线路条件、道岔选型、车辆性能等综合确定列车运行控制速度,在保证安全运行的前提下尽可能提高运行效率

  E. 车辆系统大修间隔不超过 10 年或 160 万车公里

正确答案:ACDE

【试题解析】

  《城市轨道交通工程项目规范》(GB 55033—2022)第 4.3.7 条规定"有人驾驶列车应设置独立的紧急制动按钮,并应在牵引制动主手柄上设置警惕按钮。"A 正确。

  《城市轨道交通信号系统运营技术规范(试行)》第 4.1 条规定"列车超速防护是 ATP 子系统应实现的主要功能。"B 错误。

  第 11.1 条规定"信号系统应根据线路条件、道岔选型、车辆性能等综合确定列车运行控制速度,在保证安全运行的前提下尽可能提高运行效率。"D 正确。

  《城市轨道交通设施设备运行维护管理办法》第九条规定"运营单位应利用车辆、供电、信号等设备自有的监测和诊断功能,对牵引系统、制动系统、受流装置、走行系统等关键部位进行实时监控。"C 正确。

  第十二条第一款规定"车辆系统列检间隔时间不超过 15 天,月检间隔时间不超过 3 个月,架修间隔不超过 5 年或 80 万车公里,大修间隔不超过 10 年或 160 万车公里,整体使用寿命一般不超过 30 年或 480 万车公里。"E 正确。

  故本题选 ACDE。

  400. 2022 年 2 月 14 日,某地发生了严重的轻轨列车相撞事故,造成至少 1 人死亡。媒体报道称,发生相撞事故的线路信号系统在 14 日出现故障,列车驾驶员应当接收调度员指令并按指令行驶。当地媒体报道称,事发线路为单线,当天事故或由调度不当导致。

  对于案例中涉及的行车组织相关要求,下列描述正确的是(　　　)。

  A. 行车调度命令只能由行车调度人员发布,行车各相关岗位人员必须服从指挥,严格执行行车调度命令

B. 进路闭塞法的行车凭证为区间两端车站利用站间行车电话以发出的电话记录号码

C. 在组织单线双向行车时,行车调度人员应在确认线路空闲且进路准备妥当后,方可发布反方向运行命令,并需做好运行列车与对向列车的间隔控制

D. 由于重大施工、部分区段需限速运行的,应由施工单位通知司机执行限速命令

E. 一个联锁区联锁失效时,在保证行车安全的前提下,行车调度人员可对故障影响区域使用电话闭塞法组织行车

正确答案:ACE

【试题解析】

《城市轨道交通行车组织管理办法》第九条规定"行车调度命令是指挥列车运行的命令(运行揭示调度命令除外)和口头指示,只能由行车调度人员发布。行车各相关岗位人员必须服从指挥,严格执行行车调度命令。"A 正确。

第十条规定"……进路闭塞法的行车凭证为地面信号机显示的允许信号,列车运行间隔为进路始端信号机至相邻下一架顺向信号机,一条进路内两个相邻信号机间只允许一列车占用(列车救援时除外)。"B 错误。

第二十五条规定"……为维持线路运行,行车调度人员可在对向线路组织单线双向行车。行车调度人员应在确认线路空闲且进路准备妥当后,方可发布反方向运行命令,并需做好运行列车与对向列车的间隔控制。"C 正确。

第二十条规定"因设施设备故障、重大施工等原因,部分区段需限速运行的,应由有关方面论证后提出限速运行方案,方案应明确限速区域、限速值、限速时段及起止时间,报行车调度人员,由其发布限速及取消限速命令。"D 错误。

第二十八条规定"一个联锁区联锁失效时,在保证行车安全的前提下,行车调度人员可对故障影响区域使用电话闭塞法组织行车。"E 正确。

故本题选 ACE。

第二部分

城市客运企业主要负责人
和安全生产管理人员安全考核管理办法

城市客运企业主要负责人和安全生产管理人员安全考核管理办法

第一条 为规范城市客运企业主要负责人和安全生产管理人员的安全生产知识和管理能力考核(以下简称安全考核),根据《中华人民共和国安全生产法》等法律法规,制定本办法。

第二条 城市客运企业主要负责人和安全生产管理人员的安全考核工作,应当遵守本办法。

第三条 城市客运企业是指从事城市公共汽电车运营、城市轨道交通运营、出租汽车(含巡游出租汽车、网络预约出租汽车)经营的法人单位。城市客运企业主要负责人指对本单位日常生产经营活动和安全生产工作全面负责、有生产经营决策权的人员,包括企业法定代表人、实际控制人,以及分支机构的负责人、实际控制人。

城市客运企业安全生产管理人员指企业(含分支机构)分管安全生产的负责人和专(兼)职安全生产管理人员。

第四条 城市客运企业主要负责人和安全生产管理人员安全考核工作应当坚持突出重点、分类实施、有序推进的原则。

第五条 交通运输部负责指导全国城市客运企业主要负责人和安全生产管理人员安全考核工作。

省级交通运输主管部门负责指导和监督本行政区域内经营的城市客运企业主要负责人和安全生产管理人员安全考核工作。

直辖市、设区的市级交通运输主管部门或城市人民政府指定的行业主管部门(以下统称市级行业主管部门)具体组织实施本行政区域内经营的城市客运企业主要负责人和安全生产管理人员安全考核有关工作。符合政府购买服务规定的,市级行业主管部门可通过政府购买服务方式,开展具体考核工作。考核不得收费。

第六条 城市客运企业主要负责人和安全生产管理人员应当在从事城市客运安全生产相关工作6个月内参加安全考核,并在1年内考核合格。在本办法实施前已从事城市客运安全生产相关工作的主要负责人和安全生产管理人员应当在本办法实施后1年内完成考核工作。

第七条 按照城市公共汽电车、城市轨道交通、出租汽车(含巡游出租汽车、网络预约出租汽车)等业务领域,对城市客运企业主要负责人、安全生产管理人员等两类人员分别开展安全考核。考核内容包括:城市客运安全生产相关法律法规、规章制度和标准规范,城市客运企业安全生产主体责任,城市客运企业安全生产管理知识,城市客运安全生产实务等。

第八条　交通运输部负责组织编制和公开发布安全考核大纲和安全考核基础题库,并根据有关法律法规对题库进行动态更新。市级行业主管部门可根据当地城市客运安全生产相关地方性政策法规及标准规范,组织编制城市客运安全生产地方性考核大纲和地方题库。

第九条　城市客运企业主要负责人和安全生产管理人员应当按照考核要求,经所属企业同意,向属地市级行业主管部门提交考核申请,并在规定的时间、地点完成安全考核工作。城市客运企业主要负责人和安全生产管理人员应根据企业经营范围及岗位职责,选择考核相应业务领域。

城市客运企业主要负责人和安全生产管理人员提交考核申请资料的真实性由本人及其所属企业负责。

第十条　城市客运企业主要负责人和安全生产管理人员安全考核采用闭卷考核方式。鼓励各地采用无纸化考核,暂不具备条件的,可采用纸质试卷考核。试卷考核题型为客观题,总分值为 100 分,80 分及以上即为考核合格。交通运输部组织开发组卷考核客户端软件,供各地免费使用。

第十一条　试卷题目包括公共部分和专业部分。其中,公共部分试题从基础题库中公共部分随机抽取;专业部分试题按照参加考核人员所选择的业务领域,从基础题库中相应业务领域随机抽取。编制有地方题库的,可从地方题库中随机抽取试题,分值占比不超过总分的 10%。

第十二条　属地市级行业主管部门应于考核结束后 20 个工作日内,在政府部门网站专栏公布考核合格的城市客运企业主要负责人和安全生产管理人员信息,包括人员姓名、身份证号(脱敏后)、所属企业名称、考核业务领域、考核合格结果有效期等。参加考核人员可以向属地市级行业主管部门查询考核成绩。相同业务领域的考核合格结果在全国范围内有效,不得重复进行考核。

第十三条　市级行业主管部门应当结合本地实际制定年度考核安排,并提前 30 天向社会公开发布,原则上每季度组织一批次考核。

第十四条　各省级交通运输主管部门于每年 3 月底前将上一年度本行政区域内经营的城市客运企业主要负责人和安全生产管理人员安全考核工作执行情况、本行政区域内经营的城市客运企业主要负责人和安全生产管理人员名单及安全考核通过情况汇总报交通运输部。

第十五条　城市客运企业主要负责人和安全生产管理人员安全考核合格且在有效期内,不再从事原岗位工作的,所属企业应当在 1 个月内向属地市级行业主管部门报告人员离岗情况;另择企业从事同类型岗位工作的,本人应当在入职后 1 个月内向所在地市级行业主管部门登记企业信息和安全考核情况。

第十六条　城市客运企业主要负责人和安全生产管理人员安全考核合格结果自公布之日起,3 年内有效。

安全考核合格结果有效期到期前 3 个月内,相关人员可以向属地市级行业主管部门提出延期申请。属地市级行业主管部门应当在受理申请后 15 个工作日内,对其依法履行安全生产管理职责情况进行核实。不存在未履行法定安全生产管理职责受到行政处罚或导致发生运输安全事故等情形的,安全考核合格结果有效期应当予以延期 3 年。属地市级行业主管部门应通过网站等渠道公布延期结果。

第十七条 城市客运企业主要负责人和安全生产管理人员有下列情况的,原考核合格结果作废。

(一)因存在未履行法定安全生产管理职责受到行政处罚或导致发生运输安全事故的;

(二)城市轨道交通运营企业主要负责人和安全生产管理人员因安全管理不到位导致发生列车脱轨、列车撞击、乘客踩踏、淹水倒灌等造成人员伤亡或较大社会影响事件的;

(三)超过考核合格结果有效期 180 天未申请延期的。

考核合格结果作废后,继续从事企业安全生产管理工作的,应在 6 个月内完成考核工作。

第十八条 城市客运企业主要负责人和安全生产管理人员未按照本办法规定进行安全考核并取得安全考核合格的,应当按照《中华人民共和国安全生产法》等相关法律法规的规定进行处理。

第十九条 省级交通运输主管部门可根据本地实际,制定城市客运企业主要负责人和安全生产管理人员安全考核管理细则。

第二十条 本办法自 2023 年 1 月 1 日起施行。

附件

城市客运企业主要负责人和安全生产管理人员安全考核大纲

一、考核目的

贯彻落实《中华人民共和国安全生产法》等法律法规,提升城市客运企业安全生产管理水平,考核城市客运企业主要负责人和安全生产管理人员对安全生产管理知识掌握程度与安全生产管理能力。

二、考核对象

城市公共汽电车客运运营企业、城市轨道交通运营企业、出租汽车企业(含巡游出租汽车企业、网络预约出租汽车平台公司)的主要负责人和安全生产管理人员。

三、考核范围

城市客运安全生产相关法律法规、规章制度和标准规范,城市客运企业安全生产主体责任,城市客运企业安全管理知识,城市客运安全生产实务等内容。

四、考核方法

(一)考核方式。

采用计算机或纸质试卷闭卷考核方式,考核时间为90分钟。

(二)考核合格标准。

考核试题总分值为100分,考核合格标准为80分及以上。

(三)试卷组卷原则。

1.试题类型包括:单项选择题、多项选择题、判断题和案例题,全部为客观题。题型数量及分值见下表。

题　　型	数量(个)	分值(分)	合计(分)
单项选择题	50	1	50
多项选择题	10	2	20
判断题	25	1	25
案例题	1	5	5

2.试卷题目包括公共部分和专业部分,试卷组卷比例见下表。

分值占比 考核人员	公共部分			专业部分		合　　计
	城市客运安全生产法律法规、规章制度和标准规范	城市客运企业安全生产主体责任	城市客运企业安全管理知识	各领域安全生产法规政策及标准规范	各领域安全生产实务	
企业主要负责人	20%	30%	20%	20%	10%	100%
企业安全生产管理人员	15%	15%	10%	30%	30%	100%

3.城市客运企业主要负责人和安全生产管理人员报名考核时,应根据企业经营范围及岗位职责选择相应业务领域。试卷题目专业部分从题库中的相应业务领域随机抽取。

五、公共部分考核内容

(一)城市客运安全生产相关法律法规。

1.城市客运安全生产相关法律及要求。

1.1 《中华人民共和国安全生产法》。

熟悉法律适用范围,掌握安全生产政策,掌握安全生产经营单位的安全生产权利、义务和法律责任等。

1.2 《中华人民共和国刑法》。

熟悉交通肇事罪、重大责任事故罪、重大劳动安全事故罪、不报及谎报安全事故罪的犯罪构成要件,掌握《中华人民共和国刑法》及修正案中涉及城市客运领域安全管理的有关规定等。

1.3 《中华人民共和国消防法》。

熟悉消防安全工作政策,掌握消防工作责任及管理制度,掌握火灾预防要求等。

1.4 《中华人民共和国突发事件应对法》。

了解突发事件定义,掌握突发事件应对工作原则,熟悉预防与应急准备、应急处置与救援,了解企业法律责任等。

1.5 《中华人民共和国反恐怖主义法》。

了解恐怖活动组织和人员的认定,掌握涉及城市客运的防范要求及应对处置,熟悉涉及城市客运反恐法律责任等。

1.6 《中华人民共和国民法典》。

了解民事主体各方的权利和义务,以及发生侵权时应当承担的侵权责任,熟悉城市客运领域合同管理要求,掌握运输合同、租赁合同所规定的权利、义务、法律责任。

1.7　《中华人民共和国职业病防治法》。

了解职业病定义,熟悉职业病防治工作原则,掌握用人单位的主要职责、职业病预防要求,掌握用人单位法律义务,了解法律责任等。

1.8　《中华人民共和国劳动法》。

熟悉职业培训和安全防护要求,掌握违反相关规定应承担的法律责任等。

1.9　《中华人民共和国治安管理处罚法》。

了解扰乱公共秩序、妨害公共安全、侵犯司乘人身及财产权利、妨害社会管理等涉及城市客运的违反治安管理行为的有关规定。

1.10　其他城市客运安全生产相关法律及要求。

2.城市客运安全生产相关行政法规、政策及要求。

2.1　《生产安全事故报告和调查处理条例》。

掌握生产安全事故等级划分,掌握生产安全事故报告要求、内容和应对措施,熟悉事故调查处理等。

2.2　《生产安全事故应急条例》。

掌握生产安全事故应急工作的应急准备、应急救援相关规定,以及企业应承担的法律责任。

2.3　《中共中央 国务院关于推进安全生产领域改革发展的意见》。

熟悉《中共中央 国务院关于推进安全生产领域改革发展的意见》有关城市客运安全生产相关要求。

2.4　其他城市客运安全生产相关行政法规、政策及要求。

3.城市客运安全生产相关部门规章、规范性文件及要求。

3.1　《生产安全事故应急预案管理办法》。

掌握应急预案编制、评审、公布、备案、实施等相关规定,以及企业应承担的法律责任等。

3.2　《交通运输突发事件应急管理规定》。

掌握交通运输突发事件的应急准备、监测与预警、应急处置、终止与善后等内容相关规定。

3.3　《企业安全生产费用提取和使用管理办法》。

掌握企业安全生产费用提取标准和使用,熟悉企业安全生产费用使用范围,熟悉安全生产费用的监督管理等。

3.4　《机关、团体、企业、事业单位消防安全管理规定》。

掌握应当履行的消防安全职责,掌握消防安全管理要求,熟悉防火检查、火灾隐患整改、消防宣传教育培训、灭火和应急疏散演练等。

3.5　其他城市客运安全生产规章、规范性文件及要求。

4.城市客运安全生产相关标准规范及要求。

4.1　《交通运输企业安全生产标准化建设基本规范 第1部分:总体要求》。

了解交通运输企业安全生产标准化建设的基本要求和通用要求。

4.2　其他城市客运安全生产标准规范及要求。

（二）城市客运企业安全生产主体责任。

5.城市客运企业安全生产主体责任。

5.1　掌握安全生产责任体系和主要内容。

5.2　掌握企业应当建立的安全生产管理制度。

5.3　掌握企业安全生产管理机构的设置和安全生产管理人员的配备要求。

5.4　掌握企业建立健全全员安全生产责任制的相关要求。

5.5　掌握企业从业人员、驾驶员的安全培训教育要求。

5.6　掌握企业主要负责人和安全生产管理人员的安全职责及相关法律责任。

5.7　掌握企业对营运车辆管理的相关要求。

5.8　掌握突发事件应急处置预案及应急处置程序。

5.9　掌握企业安全生产的目标构成、评价和考核。

5.10　熟悉安全生产检查类型、内容、方法和工作程序。

5.11　熟悉职业健康安全管理内容和要求。

5.12　熟悉城市客运企业安全生产信用管理要求。

5.13　熟悉其他涉及企业安全生产主体责任要求。

（三）城市客运企业安全管理知识。

6.城市客运安全基础理论。

6.1　了解海因里希事故因果理论及事故发生机理。

6.2　熟悉城市客运安全生产特点。

6.3　熟悉驾驶员等生理心理特征对城市客运安全的影响。

6.4　了解各类安全设施对城市客运安全的影响。

6.5　掌握雨雪冰雾等恶劣天气对城市客运安全的影响。

7.城市客运企业安全风险管控。

7.1　了解风险管理等概念,熟悉风险管理目标和内容。

7.2　掌握城市客运企业安全风险辨识、评估和管控措施。

8.城市客运企业隐患排查治理。

8.1　熟悉企业隐患排查治理原则,掌握隐患排查与治理的内容和程序。

8.2　掌握城市客运企业隐患排查内容。

9.应急处置与救援。

9.1　熟悉应急救援体系构成和响应程序。

9.2　掌握应急预案编制程序、基本内容。

9.3　熟悉应急物资储备情况。

9.4　熟悉应急预案实施与演练。

9.5　掌握极端天气、突发事件应急处置流程与措施。

9.6 掌握车辆火灾等常见突发事件应急处置与救援方法。

10. 事故报告与分析。

10.1 熟悉生产安全事故等级划分依据。

10.2 熟悉事故调查原则及要求。

10.3 掌握事故调查报告内容、要求、报告框架等。

10.4 掌握事故处理原则,了解事故报告和处理过程中违反规定应承担的法律责任,掌握事故发生单位主要负责人未依法履行安全生产管理职责导致事故发生的处罚规定等。

六、专业部分考核内容

第一部分 城市公共汽电车

(一)城市公共汽电车安全生产法规政策及标准规范。

11. 城市公共汽电车安全生产相关法规规章、规范性文件及要求。

11.1 《中华人民共和国道路交通安全法》。

熟悉机动车登记、检验、交通事故强制责任保险和机动车驾驶证等管理制度及道路交通安全行政处罚,掌握道路交通事故的概念、特点、事故处理和事故损害赔偿原则等。

11.2 《中华人民共和国道路交通安全法实施条例》。

熟悉交通肇事逃逸和故意破坏、伪造现场、毁灭证据的事故当事人责任;掌握与机动车有关的道路通行规定、交通事故当事人自行协商处理的适用情形及基本要求等。

11.3 《国务院关于城市优先发展公共交通的指导意见》。

熟悉《国务院关于城市优先发展公共交通的指导意见》有关城市公共汽电车安全生产相关要求。

11.4 《城市公共汽车和电车客运管理规定》。

掌握城市公共汽车和电车运营相关管理规定,熟悉城市公共汽电车运营安全相关规定,以及城市公共汽电车运营应承担的法律责任等。

11.5 《机动车强制报废标准规定》。

掌握车辆强制报废的相关要求。

11.6 其他城市公共汽电车安全生产法规规章、规范性文件及要求。

12. 城市公共汽电车安全生产相关标准规范及要求。

12.1 《机动车运行安全技术条件》。

熟悉车辆安全管理及技术要求。

12.2 《城市公共汽电车客运服务规范》。

了解城市公共汽电车运营安全相关要求。

12.3 《城市公共汽电车应急处置基本操作规程》。

了解城市公共汽电车应急处置基本操作规程的相关要求。

12.4 《城市公共汽电车突发事件应急预案编制规范》。

了解城市公共汽电车突发事件应急预案编制的相关要求。

12.5 《城市公共汽电车运营安全管理规范》。

了解城市公共汽电车运营安全管理的相关要求。

12.6 《交通运输企业安全生产标准化建设基本规范 第14部分：城市公共汽电车客运企业》。

了解城市公共汽电车客运企业安全生产标准化建设的相关要求。

12.7 《城市公共汽电车车辆专用安全设施技术要求》。

了解城市公共汽电车车辆专用安全设施的相关要求。

12.8 《城市公共设施 电动汽车充换电设施运营管理服务规范》。

了解电动汽车充换电设施运营管理相关要求，掌握安全与应急管理等相关要求。

12.9 其他城市公共汽电车安全生产主要技术标准与工作规范。

（二）城市公共汽电车安全生产实务。

13.城市公共汽电车安全生产实务。

13.1 掌握驾驶员、乘务员的招聘、岗前培训、安全教育培训及考核、驾驶员应急驾驶操作、驾驶员档案管理等内容及管理要求。

13.2 掌握车辆及车上安全设施管理要求。

13.3 熟悉车辆维护、保险、报废、档案等管理要求。

13.4 熟悉驾驶员、乘务员等岗位操作规程。

第二部分 城市轨道交通

（一）城市轨道交通安全生产法规政策及标准规范。

14.城市轨道交通安全生产相关行政法规、政策及要求。

14.1 《国务院办公厅关于保障城市轨道交通安全运行的意见》。

掌握城市轨道交通前期规划建设阶段运营安全风险防控要求、运营安全管理、公共安全防范、应急处置等基本要求。

14.2 《国家城市轨道交通运营突发事件应急预案》。

掌握城市轨道交通运营突发事件组织指挥体系、监测预警和信息报告机制，以及应急响应和处置等基本要求。

14.3 其他城市轨道交通安全生产相关行政法规、政策及要求。

15.城市轨道交通安全生产相关部门规章、规范性文件及要求。

15.1 《城市轨道交通运营管理规定》。

熟悉城市轨道交通运营管理制度要求，掌握运营基础要求、安全支持保障、应急处置、保护区管理、信息安全管理、安全生产经费投入等基本要求。

15.2 《城市轨道交通运营安全风险分级管控和隐患排查治理管理办法》。

熟悉城市轨道交通运营各业务板块主要风险点、风险描述、管控措施，熟悉企业风险数据库管理要求、风险等级划分办法和管理要求。掌握城市轨道交通隐患分级、隐患排查频率要求、隐患排查手册等内容，熟悉城市轨道交通运营企业重大隐患治理基本要求。

15.3 《城市轨道交通行车组织管理办法》。

熟悉城市轨道交通正常行车、非正常行车和施工行车等作业的基本要求。

15.4 《城市轨道交通客运组织与服务管理办法》。

熟悉城市轨道交通客运组织、客运服务的基础要求，以及乘客行为规范要求。

15.5 《城市轨道交通设施设备运行维护管理办法》。

掌握城市轨道交通设施设备运行监测、维护、更新改造相关要求，熟悉设施设备对城市轨道交通运营安全的影响。

15.6 《城市轨道交通运营突发事件应急演练管理办法》。

熟悉城市轨道交通运营突发事件应急演练的内容、方式、频率要求和评估机制等。

15.7 《城市轨道交通运营险性事件信息报告与分析管理办法》。

掌握城市轨道交通险性事件定义、信息报告时限、流程、内容等相关要求，熟悉险性事件技术分析内容、要求和报告编制基本要求等。

15.8 《城市轨道交通初期运营前安全评估管理暂行办法》。

掌握城市轨道交通初期运营前安全评估的基本流程，熟悉评估的前提条件和实施要求等。

15.9 《城市轨道交通正式运营前和运营期间安全评估管理暂行办法》。

熟悉城市轨道交通正式运营前和运营期间安全评估的评估条件和实施要求等。

15.10 其他城市轨道交通安全生产规章、规范性文件及要求。

16.城市轨道交通安全生产相关标准规范及要求。

16.1 《城市轨道交通初期运营前安全评估技术规范 第1部分：地铁和轻轨》。

掌握城市轨道交通初期运营前安全评估的基本要求。

16.2 《城市轨道交通正式运营前安全评估规范 第1部分：地铁和轻轨》。

掌握城市轨道交通正式运营前安全评估的基本要求。

16.3 《城市轨道交通运营期间安全评估规范》。

掌握城市轨道交通运营期间安全评估的基本要求。

16.4 《城市轨道交通信号系统运营技术规范（试行）》。

掌握城市轨道交通信号系统总体以及各子系统技术要求。

16.5 《城市轨道交通自动售检票系统运营技术规范（试行）》。

掌握城市轨道交通自动售检票系统网络安全、应用软件安全、数据安全等基本要求。

16.6 《城市轨道交通运营应急能力建设基本要求》。

了解城市轨道交通运营应急处置机构、应急预案、应急救援队伍、应急物资和演练等基本要求。

16.7 《交通运输企业安全生产标准化建设基本规范 第15部分：城市轨道交通运营企业》。

了解城市轨道交通运营企业安全生产标准化建设的基本要求。

16.8 其他城市轨道交通安全生产主要技术标准与工作规范。

(二)城市轨道交通安全生产实务。

17. 城市轨道交通安全生产实务。

17.1 掌握城市轨道交通运营调度指挥、列车运行控制、行车作业、空车轧道、线网停运机制等行车基本要求。

17.2 掌握城市轨道交通运营线路施工作业方案制定与审核、请销点、旁站监督等基本要求。

17.3 掌握车站作业、大客流处置及客流疏导、乘客管理、客伤处置等客运组织基本要求。

17.4 掌握城市轨道交通保护区划定范围、巡查职责、动态监测、作业管理等基本要求。

17.5 掌握城市轨道交通设施监测养护、设备运行维修与更新改造等基本要求。

17.6 掌握城市轨道交通从业人员健康检查、心理疏导、不良记录管理等基本要求。

17.7 掌握对恶劣天气、地质灾害、公共卫生等外部因素的风险管控、隐患排查治理、监测预警、协同联动、应急处置等基本要求。

17.8 熟悉列车脱轨等15类主要运营险性事件应急处置与救援、与外单位协同联动机制等基本要求。

第三部分 出租汽车

(一)出租汽车安全生产法规政策及标准规范。

18. 出租汽车安全生产相关法规规章、规范性文件及要求。

18.1 《中华人民共和国道路交通安全法》。

熟悉机动车登记、检验、交通事故强制责任保险和机动车驾驶证等管理制度及道路交通安全行政处罚,掌握道路交通事故的概念、特点、事故处理和事故损害赔偿原则等。

18.2 《中华人民共和国道路交通安全法实施条例》。

熟悉交通肇事逃逸和故意破坏、伪造现场、毁灭证据的事故当事人责任;掌握与机动车有关的道路通行规定、交通事故当事人自行协商处理的适用情形及基本要求等。

18.3 《国务院办公厅关于深化改革推进出租汽车行业健康发展的指导意见》。

掌握出租汽车经营行为要求以及企业相关责任。

18.4 《巡游出租汽车经营服务管理规定》。

掌握巡游出租汽车经营者、车辆、驾驶员应符合的基本条件、运营服务要求、安全管理要求以及应承担的法律责任等。

18.5 《网络预约出租汽车经营服务管理暂行办法》。

掌握网络预约出租汽车经营者、车辆、驾驶员应符合的基本条件、经营行为、安全管理要求以及应承担的法律责任等。

18.6 《出租汽车驾驶员从业资格管理规定》。

掌握出租汽车驾驶员考试、注册、继续教育和从业资格证件管理有关要求以及应承担的法律责任等。

18.7　《机动车强制报废标准规定》。

掌握车辆强制报废的相关要求。

18.8　其他出租汽车安全生产法规规章、规范性文件及要求。

19.　出租汽车安全生产相关标准规范及要求。

19.1　《机动车运行安全技术条件》。

熟悉车辆安全管理及技术要求。

19.2　《出租汽车运营服务规范》。

了解出租汽车运输车辆、服务人员、服务流程、运输安全等相关要求。

19.3　《巡游出租汽车运营服务规范》。

了解巡游出租汽车经营者、服务人员、车辆、服务站点、运营服务等相关要求。

19.4　《网络预约出租汽车运营服务规范》。

了解网络预约出租汽车经营者、驾驶员、运输车辆、服务流程等相关要求。

19.5　《道路运输驾驶员技能和素质要求 第3部分：出租汽车驾驶员》。

了解出租汽车驾驶员基本素质、专业知识、专业技能等相关要求。

19.6　《城市公共设施 电动汽车充换电设施运营管理服务规范》。

了解电动汽车充换电设施运营管理相关要求,掌握安全与应急管理等相关要求。

19.7　其他出租汽车安全生产主要技术标准与工作规范。

(二)出租汽车安全生产实务。

20.　出租汽车安全生产实务。

20.1　掌握出租汽车驾驶员招聘、岗前培训、安全教育培训及考核、驾驶员应急驾驶操作、驾驶员档案管理等内容及管理要求。

20.2　掌握出租汽车及车上安全设施管理要求。

20.3　熟悉车辆维护、保险、报废、档案等管理要求。

20.4　熟悉出租汽车驾驶员的岗位操作规程。